Le Philosophe

DE COVRT.

AVTHEVR,
*Philibert de Vienne Champenois, aduocat
en la Court de Parlement à Paris.*

A LYON,
PAR IEAN DE TOVRNES.
M. D. XLVII.

M.   SC.

AV LECTEVR.

Si la Morale est des trois la premiere
 Pour haultement l'Esprit instituer:
 Ne deura donc l'homme constituer
 Son but en elle, & l'auoir pour lumiere?
Veu que la vie à errer coustumiere
 Ne pourroit trop en mœurs s'esuertuer
 Pour à tout bien ses faitz perpetuer,
 Sans lequel elle est vapeur, ou fumiere.
Et pour bien viure, & tresheureusement,
 Seroit assez de bien scauoir sa Court,
 Fust au Lettré, Marchant, ou Artisan:
Mais entre tous celuy est seurement
 Vray Philosophe, & tresbon Courtisan,
 Qui se compose au fil du temps, qui court.

Prologue.

A' L'AMYE DE VERTV.

AINTENANT ie congnoi-
stray, ma Damoyselle, si l'opinion que auez de moy des si
long temps, laquelle ne vous
ont peu oster par cy deuant ne
mes raisons, ne mes excuses, par
la verité mesme de la chose contraire pourra estre
changee. Car ce n'ha esté vne, deux, ne trois fois
que me auez fait le reproche, que i'estois vn pro-
metteur, vn menteur, & enuers lequel vous vous
aduertissiez (ainsi me disiez vous) n'auoir point,
ou bien peu de credit: veu toutesfois que en toutes
mes promesses, & encor en toutes choses, esquelles
sans rien promettre, i'ay pensé mon seruice vous
pouuoir estre agreable: ie n'ay defailly ne de vouloir, ne de execution. Mais ce n'est que le naturel
dentre vous femmes, de vser tousiours de telz
propos: qui quand (selon vostre bonne coustume)

A 2   souhaitez

souhaitez quelque chofe , tant petite & difficile
foit elle : l'appetit vous en croift fi grand, que fans
confiderer l'oportunité, la facilité, & la poſsibilité,
vous ne penſez finon à la neceſsité de lauoir : puis
fi la fin ne refpond à voftre fouhait, vous en reiet-
tez la faulte à la coulpe de voz feruiteurs , lefquelz apres vous appellez menteurs , & promet-
teurs. Toutesfois quelque chofe que ie die , & encores que cela fuft ordinaire es femmes (comme
lon dit, que pourtãt ie ne voudrois pas fouftenir) fi
vous congnois ie auoir entre les autres l'Eſprit en
fi hault lieu aſsiz, que voyant, & congnoiffant de
loing les petites faultes , erreurs , & abuz efquelz
leur ignorance pourroit eftre enuelopee, vous fca-
uez bien vous en donner garde : eftant parmy les
autres comme exempte & difpenfee de telles manieres de faire. Ie me perfuaderay dõques, que tel
reproche (fi reproche doit eftre appellé) ne vient
que de bon lieu , & d'vn bon vouloir, fachant que
vous me congnoiffez tout autre enuers vous : &
que en paffant me ayez dit ces propos pour vn
aduertiffement, non que ie vous femble tel , mais
à fin que ie ne le deuienne : comme il aduient fou-
uent à ceux qui font en crainte , fe plaindre auant
que fentir le mal. Si ne puis ie me contenter de cefte perfuafion, voyant que mon affection ne vous
eft entierement congnue , de laquelle vous vous

tenez

tenez ſi peu aſſeuree. Et pour vous donner plus
ſeur teſmoignage de ce que vous ſemblez ne pouuoir croire, & à fin que par ceſt argument vous
vous promettiez vne aſſeurance pour l'aduenir de
ce que peult eſtre vous craingnez (car ie ayme
mieux vous rendre aſſeuree, que moymeſme : qui
aurois toutesfois plus iuſte cauſe de vous craindre
en ceſt endroit, que vous moy) depuis mon parte-
ment de Paris, i'ay chaſsé maintes fantaſies, que
l'abſente preſence ordinairement amaſſe aux perſonnes de ſi bon vouloir, en vous eſcriuant ce petit
liuret, & redigeant par eſcrit les bons propos de la
Philoſophie & mode de viure, auſquelz derniere-
ment nous auons paſsé ce melancolique temps
d'hyuer pardela, & en la compagnie que ſcauez,
entrelaſſans les autres eſbatz communs, de ceſtuy
cy. Car ie ſcay le grandiſsime deſir, que vous auez
de congnoiſtre la verité de toutes choſes : quand
bien ſouuent entre vous & moy, lors que ie m'eſ-
ſayois à me faire bon Orateur, vous m'auez contraint importunémēt deuenir Philoſophe. Et certes, à qui ſiet il mieux Philoſopher, ceſtadire, ſen-
querir de la congnoiſſance de Dieu, & des hommes : qui nous ſommes : en quel lieu nous ſommes :
pourquoy nous ſommes icy : & cōment nous nous
deuōs gouuerner les vns auec les autres, ſinon aux
ieunes gens ? leſquelz au moyen de laage neuf &

A 3   peu

peu experimenté, n'ayans encor le iugement certain,& raſsis,ains furieux & precipité:iuſques à ce
que ceſte chaleur iuuenile & eſcume de ieuneſſe
ſoit ſortie hors, ne peuuent encore gueres profiter
à la Republique. O que la couſtume ſeroit louable,& ſeroit vn grand bien au païs : ſi à perſonnes
tant neufues,rudes & inexperimētees lon ne com-
miſt l'adminiſtration d'vne Republique : & que
elle ne fuſt point gouuernee par eux : & comme
ne mangeaſt & ne vſaſt point de leur cōſeil, ſinon
quil fuſt eſcumé,& ſallé. Le peuple ne ſouffriroit
pas tant:& eux meſmes prenans lors peine à ſe faire,ſe feroient vn grand profit: & ſe cauſeroient vn
grand contentement en toute leur vie, ſpeciale-
ment en leur vieilleſſe, qui ne leur ſeroit tant faſ-
cheuſe,impatiente,difficile,& digerant mal toutes
choſes. Car qui ha fait Caton le vieil , au liure de
vieilleſſe de Ciceron, porter ſi patiemment ſon
aage , eſtre ſi plaiſant & aiſé viellard, & (qui plus
eſt merueilleux) ſe reſiouyr en la compagnie de
ieunes gens , ſinon la grande congnoiſſance & experience quil auoit de toutes choſes ? Mais ie ſens
que ie m'eſgare, & me mettrois peu à peu hors de
propos.Ceſt donc le propre de la ieuneſſe , mener
la vie contemplatiue,non pourtāt celle des Moy-
nes : mais vne vie ſoigneuſe & diligente à s'informer & ſe inſtruire de toutes bonnes choſes : à fin

que

que puis apres l'esprit estant ainsi instruit, & la
fureur esteinte, il puisse exercer la vie actiue, &
labourer à la Republique. Et sur ce passage si a-
uois vn peu de barbe grise, ie me laisserois faire
inuectiue contre ceste ieunesse sotte, brutale, &
desordonnee:qui ne se plait que es choses inutiles,
immodestes, & sans esprit : & ne propose autre
pour guyde ou gouuerneur que vn nonchaloir,
reputãt iniure d'estre veu auoir fait quelque chose de profit. Et (si vous me laissez priuement es-
chaper ce mot) ie mesbahy aussi dentre vous autres Damoyselles, veu que estes les Iuges & con-
seruatrices des priuileges de la ieunesse,conment
vous approuuez bien souuent telz actes inutiles,
lourds,& sans esprit, aucunesfois venans d'vne assez mauuaise complexion: en sorte que eux estãs
en vostre Court homologuez,vous applaudissez,
& portez faueur à ces seruiteurs plaisans. Il siet
tant bien (ce me semble) à vn ieune homme, de
employer ceste liberté, & ce bon temps du bel
aage en la cõgnoissance de vertu, & en petis exer-
cices comme Palestriques de choses vertueuses : à
fin que ainsi exercitez,& estans faitz hommes ilz
ne soient plus à apprendre cõment il fault viure.
Car si tost que l'homme vient ou à administrer la
Republique, ou à se songner de sa famille : il ne
doit plus aller à leschole,il doit estre instruit. Que

A 4 si lors

ſi lɑrs il ſe vouloit rompre la teſte en Philoſophie, delaiſſant ſa charge , & ſe nonchaillant de ſa
maiſon : Platon veult que on le face iouer aux
ñoix auec les petis enfans, & que on luy baille des
vergɛs.Et à ce propos ie vous ſupplie ma Damoy-
ſelle lire dedens le Gorgias de Platon vn paſſage
commençant par ceſte ſentence (car il enſeigne
bien qui , comment , & quand on doit vſer de la
Philoſophie) La Philoſophie (dit il) eſt vne choſe excellente & de bonne grace,moyennãt que on
en vſeſobremẽt,& ſelon l’aage:que ſi lon s’y amu-
ſe trop.ceſt la perdition des hommes. Il pourroit
ſembleᷓ à pluſieurs,que par ceſte ſentence Platon
reprouuaſt indifferemment la parfaite congnoiſſance de la Philoſophie:mais à la verité il ne la vi-
tupere ,ſinon en tant qu’elle eſt inutile , & qu’elle
empeſche que l’homme ne puiſſe vaquer à ſes affaires. Car eſtans toutes ſciences inuentees pour
l’ayde de l’homme , & tant pour la conſeruation
de l’Ame, du corps , & des biens , que conſequem-
ment pour lentretenemẽt de ceſte ſocieté & compagnie humaine : dequoy ſert à l’homme ſe rompre la teſte en ſon eſtude,ſil n’en fait quelque profit,& ſi cela ne ſert de rien aux autres ? Maintenãt
donques , que vous auez encor l’Eſprit en liberté,
ſe promenant à l’aiſe , & diſcourant à ſon plaiſir
parmy & ou bon ſemble à voz ieunes ans le tranſ-
                                        porter

porter (encores quil fuſt accroché à quelque petite affection naturelle) pourſuyuez ie vous prie,
voſtre entreprinſe:& que à moy ne tienne, durant
que ie me prepare à plus grãd ſoing, que en cecy,
& voire en autre choſe, voſtre deſir n'ayt ſon acõ-
pliſſement. Ie ſcay toutesfois, que le mot de Philoſophe ſonne tant mal aux oreilles de pluſieurs
gens, pour ie ne ſcay quelle faulſe opinion quilz
ont de la Philoſophie à eux incongnue, quilz
trouueroient eſtrange & abſurde, tacher & gaſter
(ainſi diſent ilz) vne ſi excellente perfection de
Nature, que vous eſtes, d'opinions tant melãcho-
liques. Mais ie vous diray, puis quilz ne congnoiſſent, & ne hayſſent la Philoſophie ſinon de nom
ſeulement: laiſſons ce mot, nen parlons point: mais
diſons que vous apprenez comment il fault viure
au monde: car il ny ha celuy duquel, la congnoiſſance du monde ne ſoit deſiree, laquelle neſt autre
choſe que ce que nous appellõs Philoſophie, comme nous dirons cy apres. Et neantmoins ie ſerois
marry (ſuyuant ce que i'ay dit) ſi & vous & moy
euſsions les matieres tant affectees en ceſte congnoiſſance, que nous meſmes ne nous cõgnuſsions
pas, nous faiſans à tous ridicules, & ſeruans de fable au peuple. Car ie ne trouue point bon, faire
ſa maiſon d'vn vaiſſeau, comme Diogenes: ne ſe
creuer les deux yeux, comme Democrite: ne ſe

A 5   laiſſer

laiſſer mourir de faim , comme celuy qui auoit ſa
Meliſſa , pour mieux vaquer à la Philoſophie:
mais ie loue celuy qui fait bonne chere , ayme le
bon vin,cherche les bōnes compagnies: & ce pendant contemple la maniere de viure de tous , regarde ceux qui font bien , & mal , & de tout fait
ſon profit. En vſant ainſi de ceſte mere de toutes
ſciences,lon ne dira plus qu'elle face les perſonnes
faſcheuſes , & (comme lon dit) melancholiques:
trop bien qu'elle les retire de maintes folies , qui
ſentent moins l'homme , que la brute. Et ſi quelcun veult dire , que ſans elle lon peult bien viure:
ie luy reſpondray,quil eſt tant abandonné de raiſon, quil ne luy fault point de reſponce. Du plaiſir,& contentement qui en vient, ie vous diray ce
mot:que ſi le matin quand vous vous parez entre
vous femmes, le bon miroer vous donne du plaiſir,y congnoiſſans quel eſt voſtre viſage: combien
ſeriez vous reſiouyes,de vous voir & mirer en ceſte ſcience , d'y congnoiſtre quelle eſt voſtre vie,
quelle elle doit eſtre,qui vous eſtes,& que ceſt de
toutes choſes ? Vous y congnoiſtrez comme la
femme ſe doit gouuerner auec l'homme : vous y
apprendrez à bien inſtruire voſtre famille : voſtre
petite Republique priuee ſera tant bien policiee
que rien plus : vous ſcaurez quelles enuers les
eſtranges vous deuez vous monſtrer: vous ſerez

aſſeurees

asseurees de ce que sans reprehēsion vous pouuez
librement faire : le doute du scandale ne vous tormentera plus : que voulez vous dauantage ? Au
contraire, sans ceste congnoissance vous estes tousiours en suspens , semblables au viateur pressé de
gaigner païs, qui demeure aux champs ne sachant
le chemin : vous n'auez autre guyde sinon laueu-
glee beste de vulgue, qui comme ignorant & im-
perit de toutes choses, vous dit, & fait maintenant
d'vn , maintenant dautre (car qu'est il plus inconstant , que ignorance?) Ainsi estans lyees & attachees à ceste folle & variable opinion du cōmun,
& ne ayans autre raison ne conseil, que faire comme les autres , vous scauez en quelle misere & an-
xieté vous viuez. Donques congnoissant vostre
tant bonne affection, & à fin de vous mettre hors
de ceste prison, & tenebres miserables d'ignorāce,
ie vous ay escrit ce petit liuret, assez rude & im-
polit toutesfois, comme d'vn homme allant par
païs : par lequel vous verrez en brief ce qui m'ha
tousiours semblé de la Philosophie , en laquelle
posoient les anciens le Bien souuerain : puis comme en ce temps elle est desguisee, & fondee sur les
opinions des hommes, non sur Nature : apres cela
vous trouuerez assez amplement (& non pas tant
encore que ieusse bien voulu) ce que ie sens de ceste nouuelle Philosophie, qui est la mode de viure

de ce

de ce temps : en escriuant laquelle ie n'ay peu que
ie n'aye fait le Democrite, & vsé de faceties. Vous
congnoissant leffect de lune & lautre en vserez
(bien le scay) si discretement, qu'elles ne vous em-
pescheront de faire ce qui plus vous est necessaire.
Que si par le traict du liure ie vous semblois en
quelques lieux pour lexcellence de vous, vn peu
inciuilement ou audacieusement parler : il vous
plaira peser telz motz au poix de la matiere sub-
iette, qui m'ha souuent contraint oublier la dou-
ceur, & l'humanité que vous y pourriez desirer.
Au reste, ie vous supply receuoir ce mien petit la-
beur, comme vn fruit de vostre possession & heritage : par lequel ie me sentiray auoir fait vn
grand profit, si le voulant contregarder,
vous le serrez au coffre de vostre
grace, auec laquelle ie n'ay rien
à me souhaiter, sinon lim-
mortalité d'icelle.
De Lyon ce
x x. iour
de
Septembre,
M.   D.   X L V I I.

O.   B.

Retire toy : car tu m'es trop congnu,
Ie ſcay (Amour) ta race & ta nobleſſe.
Tu fais chanter que ta mere eſt Deeſſe:
Vn ſi meſchant n'eſt point du Ciel venu.
Que ſi long temps le peuple ha maintenu,
Que tu ſois Dieu d'inuincible haulteſſe:
Si n'es tu filz que d'humaine foibleſſe,
Opinion, dont tu es ſouſtenu.
Voyla pourquoy tu n'es point arreſté
Volant ça, là, d'inconſtance legere,
Bleſſant autruy quand tu es le plus fort.
Eſt ce ſentir vne Diuinité
D'eſtre inconſtant ? de faire à autruy tort?
Ainſi (cruel) faiſant mourir ta Mere?

FATALI NEXV.

Le Philosophe de
COVRT.

ES Philosophes an-
ciens diſoient , que
Nature ne nous ha
rien donné de mau-
uais:& que,ſi en tou-
te noſtre vie nous la
voulons ſuyure,& ne
feiſsions rien que ce,
à quoy naturellemẽt
nous ſommes inci-
tez,nous ne ferions iamais mal.Mais ſi nous voulons regarder de plus pres , qu'ilz n'ont pas ſceu
faire,comme nous pouuons bien (nous qui auons
les yeux eſclarciz par celuy duquel vient ceſte
Nature,de laquelle ilz parlent tant,& laquelle ha
pris ſon nom de l'ignorance de luy : car qu'appellerons

lerons nous Nature, fi nous croyons que Dieu foit
le créateur de toutes chofes?) nous congnoiftrons
certes que cefte fentence eft encore plus veritable,
qu'ilz ne la penfent. Ilz difent que l'inftinct de
Nature eft fuffifant pour bien viure, & nous auffi:
mais ilz ne fcauoient pas que le bien viure duquel
nous parlons, eft trop plus parfait, que celuy de
leur Philofophie, qui n'eft au prys du noftre rien
moins, qu'vn bien viure : & neantmoins nous difons que pour noftre bien viure, Nature nous
auoit donné affez d'ayde. Mais à fin que cecy ne
femble eftre erronee, & derogant à la gloire de
Dieu, que ie dy pour fon honneur: ie ne veux pas
dire, que la nature de laquelle ie parle, & celle des
Philofophes, ne foient qu'vne. La nature dont ie
parle eft celle premiere non corrompue, fouillee,
n'aueuglee, qui ne fcauoit que c'eftoit de peché,
comme ne fentant encor autre chofe, que la main
de Dieu. Celle là n'auoit rien de mal, ie dy mal, felon la balance & mefure, à laquelle nous mefurons
le bien & mal à cefte heure, qui eft trop plus iufte
& difficile, que celle des Philofophes. Mais depuis
qu'elle ha efté corrompue par fon ennemy, elle eft
demeuree toufiours mãcque, & imparfaite:& (qui
pis eft) elle ne peult recõgnoiftre quelle elle eftoit
au commencement, finon qu'elle foit allumee de
la clairté fpirituelle, laquelle n'auoient point ces
Phil

Philosophes. Ainsi ceste seconde nature toute
souillee qu'elle est, est celle de laquelle parlent, &
entendent les Philosophes (car ilz n'en congnoissent point autre) laquelle ne peult rien moins, que
suffire à la iustice, & bonne vie requise en nous de
Dieu : mais pluftost elle ne peult, que nuyre : au
contraire pour faire vn homme iuste, prudent, sage & vertueux entre les hommes, qui est l'accom-
plissement de la Philosophie, elle peult tout. Et
ne peult l'esprit d'homme congnoistre rien d'imparfait en ceste nature, ainsi gastee, ignorante &
fragile : mais ayant encor ceste intelligẽce, notion,
& presension (qui est demeuree en ceste seconde
nature) que Dieu nha rien fait de mal : & croyant
que ceste seconde nature soit premiere, non corrompue, mais faite de Dieu ainsi qu'elle est, &
qu'il n'y en ayt point autre : il la pẽse du tout bonne, & cuyde que toutes les operations dont elle
est cause soient bonnes, & estime que ce qu'elle
fait, soit vertu. Voyla (ce me semble) toute la
science, & ignorance des Philosophes. Voyla le
scauoir des sages gens de ce monde, qui parlent
tant arrogamment de ceste grand Dame, Vertu.
Voyla qui est cause que les Loix ciuiles, qui font
partie de leur Philosophie, permettent plusieurs
choses contre le vouloir de Dieu, comme le Con-
cubinat, la repulsion de force (car ilz disent que

 cela

cela eſt naturel) la preſcription auec mauuaiſe
foy ſuruenante, & autres. Nous en parlerons donques ainſi que eux, & auec eux, en autre intention toutesfois : & ne parlerons point tant de leur
vertu vraye, que d'vne autre deſguiſee & maſ-
quee, que les hommes ſuyuent & honorent pour
ceſte là, à fin que le monde congnoiſſe double-
ment ſa folie & ignorance : car ayant trouué ceſte
derniere & nouuelle vertu, il n'ha pas celle qu'il
cuyde auoir : & quand il l'auroit encor n'auroit
il rien.

Ature donc (à fin que ie parle auec
les Philoſophes) eſt la mere de toutes bonnes choſes, & celle qui nous
incite à vertu. Dont ſenſuit que naturellemẽt nous ſommes nez à bien
faire, & que nature ha ſemé dedens noz eſpritz
quelques petites eſtincelles de bons vouloirs, leſquelles ſi par mauuaiſe accouſtumãce de mal faire ſont eſteintes, on ne doit imputer cela à nature,
& ne doit on dire, que quelcun ſoit meſchant de
nature. Ces petites eſtincelles ſont petis eſguil-
lons, qui nous induiſent & incitent à faire les choſes quiſont bonnes de ſoy : tellement que apres la
premiere cauſe impulſiue, qui vient de nature, la
bonté ſeule de ces choſes, eſt la cauſe finale, qui

nous

nous y attire. C'est ce que ha voulu dire Aristote au premier des Ethiques, voulant donner à entendre que c'estoit de vertu, & comment on la pourroit congnoistre disant,

Si quispiam rerum agendarum est finis, quem nos propter seipsam expetimus, constat hunc talem finem summum bonum, ipsumq; optimum esse.

Si en noz œuures il y ha quelque fin, laquelle nous desirons pour soy mesme : il conste que ceste fin est le bien souuerain, & que en elle gist la vertu. Dont il nous fault croire, que si autre cause nous fait faire quelque acte que l'honnesteté mesme de vertu, tant semble l'acte louable, il n'est point bon. Vertu veult pour l'amour de soy seulement estre aymee. Qui est vn poinct, ou plusieurs gens voire de mediocre esprit, & assez bon iugement sont souuent deceuz : quand ilz voyent vn homme de grand courage s'efforcer, & prendre peine de faire quelque œuure, qui de soy semble bonne : comme ayder son voysin, seruir bien son maistre, defendre ses subietz : incontinent qu'ilz congnoissent cela auoir esté fait, ilz l'estiment hõme de bien. Et ne considerent pas qu'il ha fait celà, ou pour auoir la reputation d'estre homme de bien : ou pour auoir plus grande recompense qu'il ne merite, & ce pendant il trompe vn autre : ou de

B 2   peur

peur qu’on ne luy reprochaſt s’il faiſoit autremẽt:
pour leſquelles cauſes les œuures qui nous ſemblent les meilleures, ne vallent rien. Il ne fault iuger des œuures ſelon ce qu’elles ſemblent de ſoy:
mais ſelon la cauſe & l’intention de celuy qui les
fait : Car (comme dit Ariſtote) la vertu & le vice
conſiſtent en la volunté, & non es œuures : Et deuons eſtre plus curieux de nous garder que la
ſemblance du bien ne nous deçoiue, que le mal
apparent : Car vn mal deſguiſé eſt double mal, &
n’eſt mal ſi dangereux, qu’vn bien feint, & ſimu-
lé, qu’on appelle hypocriſie. Cecy ha donné de la
peine à Ciceron en ſon premier liure d’offices, à la
fin du chapitre, commençant,

Sed ea animi elatio, &c.

Parlant de magnanimité quand il dit, que le paſſage eſt fort lubrique & chatouilleux, de dire,
qu’il fault entreprẽdre les choſes difficiles & vertueuſes ſans aucune cupidité de gloire, par ce
qu’il ſe trouue peu de gens (comme il dit) qui,
apres qu’ilz ont fait quelque vaillãtiſe ou proueſ-
ſe, ne ſoient bien ayſes d’eſtre louez, & auoir ceſte
louange comme vn ſalaire d’auoir bien fait. Mais
ie croy, que Ciceron lors penſoit de luy : Car
ſachant qu’on le congnoiſſoit eſtre fort cupide
d’honneur, & neantmoins voulant eſtre veu magnanime, & vertueux, il nha voulu ſeparer du
tout

tout ceste cupidité de gloire, d'auec magnanimité. L'esperance de gloire doit inciter les mauuais
à faire bien, & à s'exercer, & par cest exercice
s'accoustumer en choses de vertu, à fin qu'ilz de-
uiennent peu à peu gens de bien : mais quand ilz
sont deuenuz telz, lors la seule amour de vertu
les fait bien faire, & non autre cause. C'est donc
l'amour de vertu, qui la nous fait suyure. Nous
desirons les autres choses non pour l'amour d'elles, mais pour l'amour d'autres:comme, l'argent,
pour faire grand' chere: santé, pour estre à nostre
ayse : tellement que si nous auions argent & santé,& que ne fussions point à nostre aise,nous n'en
serions point satisfaitz. Mais, c'est autre cas de
vertu : car elle nous contente seule, & desirons
bien faire, pource que c'est bien fait de bien faire,& non pour autre fin. Nature donc nous fait
aymer les bonnes choses : & est ceste Amour si
fort fichee dedens nous, que quoy que nostre nature soit deprauee & alteree, si tiré elle tousiours
à ce qui luy semble bon. Et ce sembler suyt tousiours la qualité & condition de la nature : car
quand la nature est bonne, entiere, & non deprauee : alors les choses bonnes à la verité, luy semblent aussi bonnes,& les suyt:au contraire,quand
elle est deprauee, la Raison & le Iugement dor-
ment,les appetis gouuernent, ce qui est blanc luy

B 3   semble

semble noir, les choses les plus meschantes luy
semblent bonnes, elle s'y attache, elle les suyt, elle
fait le plus mal du monde, & neantmoins cuyde
bien faire, & fait vertu de ce qui est vice. Voyla
ce que ha voulu dire le poëte qui disoit,

Decipimur specie recti:

La semblance du bien nous deçoit, non pas que les
choses se changent, ou se monstrent aucunesfois
autres qu'elles ne sont: mais c'est nostre Iugement
naturel, qui estant gasté, & depraué, trouue les cho
ses autres qu'elles ne sont. Et pource que la fragilité de nostre nature est si grande, que sans y penser & comme en dormant elle se change, cor-
rompt, & depraue, si lon ne s'en donne garde in-
cessamment (car ce monde n'est plein que d'a-
morses de vice) elle estant changee, le sembler &
l'opinion se changent, nouuelles affections viennent seruir à cest appetit, comme à vn nouueau
Roy en son nouuel Regne, les actes de vertu ne
se font plus, l'esprit glisse d'vn costé ou d'autre:
pour cela dit on communement, que vertu est le
mylieu des vices, car on ne peult d'vne part ou
d'autre si peu glisser, que lon ne se heurte en vn
vice. Nous deuons donques estre fort songneux
de nourrir & entretenir ceste nature ainsi qu'elle
est, auant qu'elle soit plus gastee, & de luy bailler
des bastons pour s'appuyer de tous costez, de peur
qu'elle

qu'elle ne vacile çà ou là (i'appelle vaciler, quand
par noſtre negligence, & ignorance nous nous
laiſſons ſurmonter des premieres opinions, ap-
prehenſions, & manieres de viure qui nous mon-
tent en la teſte) & de luy bailler des armes, à fin
qu'elle ſe puiſſe defendre alencontre de ſes ennemys, qui la veulent faire rendre : ce que nous ferons par vraye ſcience & congnoiſſance de bien
& mal, non pas par ruſe & frequentation du monde. Ou plus toſt (s'il m'eſt permis icy deuier vn
peu du chemin des Philoſophes, & parler à la verité) nous deuons prendre grand peine d'effacer
& eſteindre ce vice de ceſte ſeconde nature par
foy, & r'entrer en la netteté de la premiere, que
les Philoſophes (comme i'ay predit) n'ont point
congnue : que nous pourrons faire ſi nous
ouurons la porte à celuy qui nous dit,
Voyez, ie ſuis arreſté à voſtre porte, & bucque. Si quelcun m'ou-
ure, i'entre leans, & man-
ge auec luy, &
luy auec
moy.

B 4

IL n’y ha rien qui face mieux ne pluſtoſt changer les affections, & la maniere de viure des hommes, & (pour plus clerement le dire) changer noſtre naturel, que la compaignie. Ceſte ſimilitude & reſſemblãce qu’ont tous les hommes l’vn à l’autre en l’Eſprit capable de raiſon, eſt de ſi grand’ force, que quelz que ſoyent la plus part d’iceux, les autres leur veulent reſſembler. Et combien qu’on en trouue, qui ſe delectent à faire quelque choſe contre la maniere de faire du lieu, & païs ou ilz ſont, ſi font ilz celà pource qu’ilz en ont veu des autres faire ainſi en autre lieu, qu’ilz veulent enſuyure: ie ne dy pas, que lon n’en voye quelques vns hors la multitude, qui ſans exemple d’autruy font choſes nouuelles, & non acouſtumees en nul païs: & quand telles choſes ſont honneſtes & non repugnantes à raiſon, elles ne ſont ſubiettes à reprehenſion, combien que le peuple s’en moque, qui eſtimant cela ſeulement eſtre bien & ſagement fait, que la plus part des gens fait, & faiſant vertu & reputant ſageſſe de ie ne ſcay quelles petites choſes, cuyde que ceux qui ſe gouuernent autrement que luy, ſoient ſotz: ſans conſiderer lequel gouuernement des deux eſt le meilleur. Pour euiter laquelle mocquerie, les anciens nous ont dit,

qu’il

qu'il fault toufiours viure à la mode du païs: cela
toutesfois fe doit entendre quant aux chofes ex-
ternes & indifferentes. Car ilz n'ont pas voulu
dire, que fi au païs ou nous fommes il fe fait de
couftume quelque chofe contre vertu & raifon,
nous le facions aufsi. Nous defirons donques faire toufiours comme les autres : comme fi vertu
eftoit & gifoit en cela que le peuple fait. Or n'y
ha il chofe tant ignorante, aueuglee, & inconfide-
ree qu'vn peuple: qui fans iugement, fans aucune
confideration, fans raifon fuyt les premieres ap-
prehenfions, qu'il ha. Que fi le fait & entreprinfe
du peuple vient à bonne fin, c'eft fortune : tout
ainfi que fi vn aueugle chemine par vn lieu tene-
breux, & incongnu, fans foy heurter, on ne dira
pas pourtant qu'il voit cler, mais que c'eft aduen-
ture. Pour cefte caufe les loix ont defendu les
monopoles & affemblees illicites, par ce qu'eftans
la plus part des hommes mauuais, & deprauez,
& obeïffans à leurs appetitz & fottes affections,
& mefmement le vulgue animal incôpofé : ordinairement ilz confpireroient chofes iniques. Ciceron playdant pour Cn. Plance accufé de largi-
tion populaire, par ce qu'en l'election des Ediles,
fa partie auoit efté preferee à vn nommé Late-
ranenfe, homme notable, vertueux & de grand'
maifon : apres qu'il eut bien remonftré que les

B 5   elections

elections populaires la faueur du peuple valoit
trop plus, que la dignité des personnes, laquelle
le peuple ne congnoit pas: Il n'y ha (dit il) ne con-
feil, ne iugement, ne raifon, ne difcretion en vn
peuple, & ont toufiours noz predeceffeurs efté
de ceft aduis, qu'il failloit porter & diffimuler
les deliberations d'vn peuple, non pas les approu-
uer toufiours. Eftans donques & conuerfans auec
le monde, & voulans faire comme les autres, facilement nous nous acouftumons à mal faire. Car
fi toft que ces petites eftincelles de vertu font
ainfi efteintes, & que nous nous abandonnons
à fuyure la mode de Court, nous deuenons incontinent grans maiftres, tant fommes dociles à
apprendre le mal (comme dit le bon Iuuenal)

—Quoniam dociles imitandis

Turpibus ac prauis omnes fumus.

Cefte couftume de mal faire, & de viure ainfi change & altere (comme lon dit) noftre nature, tellement que nous ne congnoiffons plus
quel eft le bien ne le mal: nous ne defirons ne
fuyons l'vn ne l'autre: nous trouuons bon & repu-
tons eftre le feul bien, ce qu'il plait & eft trouué
bon au monde: & en ce plaifir des hommes nous
conftituons noftre vertu. La vertu donc des hommes ne gift pas en cela qui eft bon de foy, fuyuant
l'ancienne Philofophie: mais en ce qui leur fem-

ble

ble bon, qui n'eſt autre choſe, ſinon vne mode de
viure. Et pource qu'elle eſt diuerſe ſelon les diuers païs & diuerſes nations, comme au temps
paſſé y auoit diuerſes ſectes de Philoſophes : nous
parlerons ſeulement de celle qui eſt la plus ap-
prouuee, & deſiree, & plus generale (d'autant
qu'elle eſt mieux deſguiſee que les autres) que
lon dit la mode de Court. La congnoiſſance de laquelle nous pouuons appeller auiourdhuy Philoſophie (qui eſt celle dont nous voulons trai-
cter) car ceux qui la ſcauent & en vſent, ſont reputez ſages & Philoſophes.

La definition de ceſte Phi-
loſophie.

E S T E Philoſophie morale,
& nouuelle peult eſtre ainſi definie, la congnoiſſance de viure
à la mode de Court. Ie ſcay
bien que ceſte definition ne
pourra pas plaire à tous, & que
quelque maiſtre es artz qui parauenture vou-
dra ſubtilier, & à la mode des Stoïques, regarder
les choſes de trop pres, me dira, que telle maniere
de viure ne peult eſtre rien moins que le propre
d'vne Philoſophie : par ce que toute Philoſophie
giſt en la congnoiſſance des choſes occultes & cachees,

chees,& que lon ne peult voir à l'œil : mais viure
à la mode de Court ne gist qu'en petites ciuilitez,
& mines exterieures. Ie luy respondray que sa
mineur n'est vraye : & combien que par les façons de faire lon congnoit & iuge lon le Courtisan (qui est nostre Philosophe) comme toutes
autres sortes de gens : toutesfois que la science ne
gist pas là : mais plus fort, qu'il est impossible à
l'homme s'y bien gouuerner, & faire les gestes,
contenances, & entregentz, s'il n'ha la congnoissance des opinions de la Court. Car (comme dit
son maistre Aristote) les actions & operations
viennent de l'intelligence & congnoissance, &
ne peult on bien faire quelque chose, si on ne l'entend. Vn homme donc ne peult estre bon Courtisan, s'il ne scait ce qui plait & est trouué bon
à la Court : & ne suffit pas qu'il sache baiser la
main, donner l'accolade, faire bon visage, & autres telles choses. Et de ce ie m'en rapporterois
bien à l'exemple de ce maistre es artz. Il ha bouche pour baiser, bras pour accoler, face pour monstrer, & peult bien faire tout cela. Ie le voirrois
toutesfois voluntiers vestu de sa vieille robe four-
ree de blanc, ceint par dessus, auec ses pantoufles
escorchees,& son bōnet de nuict de frise, se ietter
au bal auec quelques Damoyselles : comment il
les mugueteroit!comment il les caresseroit ! com-

ment

ment il rauiroit leurs cœurs! Il auroit beau œil-
larder, faire le petit, & accoler (encor qu’on le
laiſſaſt faire) s’il eſtoit reputé ſage, & bien apris.
Pourquoy cela? par ce que telles reuerences ne
ſont pas bien faites, & ne viennent point d’vn
homme prudent & congnoiſſant ce qui plait en
telle compagnie. S’il euſt eſté tel, il ſe fuſt acou-
ſtré d’vne autre ſorte, il euſt compoſé ſa chere, &
l’euſt fait ſembler humaine, modeſte, & riante:
preparé ſon eſprit pour dire & entendre quelques propos ioyeux:& en ceſte ſorte, ayant de
ſuyte le petit lacquais trouſſé en lieu de ſon eſ-
cholier dechiré, euſt eſté parauenture le bien venu. Tenons donc cela, que pour nous gouuerner
à la mode de Court, il nous fault auoir la congnoiſſance des opinions de la Court, & des vertus d’icelle: laquelle congnoiſſance nous fera faire les actions honneſtes & vertueuſes, dont nous
ſerons eſtimez ſages, prudens, & bien congnoiſſans, & dont ſortira ce *Decorum generale*, duquel
parle tant Ciceron es offices, & qu’il dit ſe pouuoir mieux entendre en l’Eſprit, que expliquer
à la langue, que nous pouuons auiourdhuy dire
la bonne grace de quelcun, de laquelle nous parlerons cy apres. Et ſi aucun n’ayant point ceſte
congnoiſſance ſe veult ingerer de faire telz actes:
tant s’en fault qu’il les puiſſe faire à ſon honneur,

que

que à toutes heures il se fera moquer, comme lon
peult voir en ceste ieunesse rude, & ignare d'aucuns petis muguetz de Court, Compaignons à
marier de ville, tous Courtisans affectez, qui font
la petite bouche, marchent en pas de grue, cra-
chent à costé, parlent à fretiz, respondent à es-
chantillons, portent gans parfumez à la ceintu-
re, la petite botine decoupee, la cape courte, le
petit bonnet, les cheueux rescrepeliz à la Cesa-
rienne, aucunesfois le petit toupet en forme de
passefillon entre le front & l'oreille, & venans
en cest equipage auec le petit mot d'Italien ou
Espagnol qu'ilz portent en l'escarcelle deuise-
ront auec quelque grand personnage des affaires du Royaume, & diront brauement, que le
Roy ha fait grand seruice à vn tel gentilhomme. Desquelz on peult dire, ce que lon disoit du
Philosophe qui auoit belle barbe, Rasez luy la
barbe, il ne scaura plus rien: aussi ostez à ces
mistes leurs habitz telz que i'ay descritz,
vous les trouuerez bestes, ignares,
rustiques,& Pithaux : combien
que sans cela,gens qui ont
vn peu la veüe bon-
ne ne laissent pas
les congnoi-
stre.

Apres

 P R E S auoir donné la definition de
noſtre Philoſophie, & monſtré que
nous auons raiſon d'appeller telle
choſe ainſi definie Philoſophie: il
me ſemble qu'il eſt bien pertinent
de parler de ſon ſubiet, qui eſt vertu. Car la fin de
la morale n'eſt autre ſinon vertu, à laquelle lon ne
peult paruenir ſinon par le moyen de ceſte ſcience. Et me ſemble que ſans chercher plus auant, &
ſans faire tant de diſtinctions, de gendres, d'eſpeces
comme ont fait gens trop ſcrupuleux: qu'en pre-
nant vne partie de noſtre precedente definition,
nous auons celle de noſtre vertu: laquelle toutef-
fois par certaine & brieue partition, en forme de
deſcription, nous eſclarciróſ mieux cy apres. Vertu eſt, vn viure à la mode de Court: & eſt diffe-
rente de celle des anciens en cela, que leur vertu
(comme i'ay dit cy deuant) eſt viure ſelon Nature: la noſtre eſt, viure ſelon la Court: & tout ainſi
que anciennement ilz diſoient, que ſi nous ſuy-
uions Nature, & ne ſeiſsions autre choſe ſinon
que noſtre raiſon naturelle nous monſtre, nous ne
ferions iamais mal: auſsi tant que nous ſuyurons
la maniere de faire de Court, nous feróſ touſiours
bien. Car qui ſeroit le fol qui voudroit dire vne
choſe mal faite, qu'auroit faite vn gentilhomme
de Court bien apris? Appellóſ nous pas beſtes, &

Pit

Pithaux ceux qui ignorent ou ne trouuent pas
bon vne vertu Courtisanne? Ilz me font souuenir
de ceste vieille Attique, qui n'entēdant la phrase
d'vn Orateur elegāt, par ce qu'il auoit dit vn mot
trop propre, & trop bien dit à l'vsage de ceste poure beste, se moqua de luy. L'ignorance est trop
brutale & difficile à supporter, quād ne se cōten-
tant de ce qu'elle ne peult rien inuēter de soy, elle
ne peult trouuer bon ce q̄ les doctes font ou dient:
c'est ce que dit tant bien Ciceron en vne Oraison
pro A. Cluenti, pres du mylieu. Puis qu'ainsi est,
que la Court est la reigle à laquelle nous deuons
reigler nostre vie, il ne se fault plus esbahir, si les
bons Espritz, bien nez, & desirās paruenir à ceste
perfection de vertu, demādent ordinairemēt aux
allans & venans nouuelles de la Court, que y fait
on? que y dit on? quelle maniere de viure à ceste
heure y ha il? quelle sorte d'habitz? de passetēps?
de façōs de faire? qui sont les mieux venuz? qui est
le plus braue? le plus beau baleur? le plus beau de-
uiseur? le plus beau voltigeur? quel autheur suyt
on? quel liure lict on? quelle chanson ha le bruit?
& mil autres semblables demādes. Car comment
sceussiōs nous à cesteheure la maniere de viure, &
la bōne doctrine des anciens, mesmes de ceux qui
n'ont point escrit ou desquelz les liure sont pieça
perduz, cōme de Pythagoras, Socrates, Isocrates,
Cratip

Cratippus, & d'autres, & de ces preux & vaillans
Romains, s'il n'y euſt eu des compteurs de nouuel
les? Ceſſe donc ſe moquer des François celuy qui
dit, qu'il ſeroit beſoing mettre gens ſur les chemins, qui feroient eſtat ſeulement de cõpter nouuelles aux paſſans: par cela voulant taxer leur
grandiſsime deſir, non pas curioſité, de ſcauoir nou
uelles: que ie loue beaucoup. Et tout ainſi que la
bonne & vertueuſe vie des anciens, l'exemple deſquelz nous incite fort à vertu, nous ſeroit inutile,
ſi par lettres nous ne les congnoiſsions: (qui eſt le
principal argument, par lequel Ciceron mõſtroit
l'vtilité des lettres, quãd il playdoit pour Archias
le poëte) auſsi comment pourroient les Sages &
tant hõneſtes Philoſophes de Court ſeruir d'exẽ-
ples à ceux qui ne les voyent pas, neſtoient les
compteurs de nouuelles? Dauantage telles nouuelles incitent meſmes ceux deſquelz on parle à
faire mieux: car leur philoſophie de laquelle nous
traictons ne porte pas, cõme celle des anciens, que
ſans aucune eſperance d'honneur on doit ſuyure
vertu pour l'amour d'elle: ains que lon doit ver-
tueuſemẽt viure à fin d'acquerir honneur, & repu
tation, tant à ſoy que à ſes poſteres. C'eſt ce que
lon dit, *Virtutis merces gloria:* L'honneur eſt le ſalaire de vertu. Et certes ie croy, que ſi lon pouuoit
auoir autrement plus ſeur teſmoignage de la con-
C

ſcience

science de Ciceron (que ie nomme souuent pour
l'excellence de l'homme) que par ses escriptz:lon
trouueroit à la verité, que l'honneur luy ha fait
faire beaucoup de choses, à luy entre tous les autres Romains. Il ne le peult celer par tout,mesme
ment au lieu dernier allegué. Que diráyie du poure Ouide,quand il estoit en exil en ce païs barba
re de Scythie pres de la mer : pource qu'il n'auoit
là personne qui luy aplaudist apres qu'il auoit
composé quelques carmes,comme quand il estoit
à Romme braue, miste, & disant tousiours motz
de gueule : il n'auoit plus courage de rien faire, &
ne pouuoit plus sa veine couler , comme il escrit
tant bien ad Seuerum,de Ponto:

Impetus ille sacer,qui vatum pectora nutrit,
 Qui prius in nobis esse solebat,abest.

  Ie sens(ce qui m'est bien nouueau)
  Que ceste fureur poëtique,
  Qui l'esprit des poëtes pique,
  Ne m'eschauffe plus le cerueau.
   La Raison suyt apres assez loing.

Excitat auditor studium,laudataq; virtus
 Crescit, & immensum gloria calcar habet.
Hic mea cui recitem &c.

  Celuy qui prise quelque ouurage,
  Esueille l'esprit endormy.

         D'honn

D'honneur, vertu croiſt à demy:

L'honneur donne à chacun courage.

Concluons, que la commodité des vrays & fide-
les compteurs de nouuelles eſt grande , & eſt vne
choſe fort vtile, pour bien viure. Mais pour reuenir à noſtre propos, la vertu de laquelle nous parlons eſt du tout miſe & colloquee en la Court,
comme celle des anciens en Nature: laquelle plus
clerement & facilement nous pourrons congnoiſtre , ſi ſuyuans la traditiue des moins ſcrupuleux
philoſophes , nous la diuiſons en quatre eſpeces,
Prudence, Iuſtice, Magnanimité & Temperance,
qui ſont les quatre ſources dont on voit yſsir
l'honneſteté. Et combien qu'elles ſoient tant con-
iointes , & concathenees enſemble, que l'vne ne
peult eſtre ſans les autres (car qui dira l'hõme vertueux , tant prudent & ſcauant ſoit il, ſil n'eſt iuſte?)& que les quatre enſemble, & non l'vne ſeule,
faict l'homme ſage : la diuiſion & partition n'eſt
pourtant inutile, à fin que par vne certaine diſpo-
ſition ainſi ordonnee, lon puiſſe iuger, à quel lieu
d'honneſteté chaſque action ſe doiue referer : qui
ſoit pour l'enſeignement des gens rudes & ap-
prentis. Car en toute ſcience , il ne ſuffit pas ſcauoir l'art, mais il fault auſsi auoir la methode
d'enſeigner , comme dit Ciceron de Legibus 11.
Non ſolum ſcire aliquid artis eſt , ſed quædam eſt ars

C 2   etiam

etiam docendi. Il vault mieux donques parler diſtinctement & par ordre d'vne chacune de ces eſpeces (deſquelles vertu eſt cõpoſee comme vne harmonie) que par vne confuſion indiſcrete parler generalement de vertu.

VANT toutesfois que nous entriõs en la particuliere congnoiſſance de vertu, & pour plus ſeuremẽt trouuer la voye de ce beau iardin, ou eſt le grãd & tant bel arbre, en la ſommité duquel elle eſt aſsize: il ſera bon comme par deſſus vn pont ou vne planche, paſſer par ce chemin,& tenir ceſte maxime, que nous voulons dire. Les anciens entre autres preceptes de leur philoſophie, à fin de plus facilemẽt monſtrer & donner la cõgnoiſſance de leur vertu,ont pour le commencement donné ceſtuy cy, *Noſce teipſum:* Congnoy toy:diſans que par ce moyen quãd vn hõme ſe cõgnoiſtra,il congnoiſtra qu'il ha quelque choſe de ſemblable aux Dieux, & qui le cõioint auec la diuinité : laquelle participation de diuinité,luy donnera vne honte de malfaire,& l'incitera à bien. Et y ha ſoubs ces deux motz encor plus grãd efficace & energie , pour l'intelligence de laquelle ie me deſchargeray ſur Ciceron à la fin du premier liure des Loix. Et pource que ceſte philoſophie

vient

vient d'vne autre source que la leur, car elle vient
& naist du plaisir & contentement des hommes,
& l'autre de Nature : aussi y ha il diuers chemins
pour entrer en la congnoissance des deux. Il me
semble donques, que pour venir à ceste perfection
de nostre vertu, en lieu de se congnoistre, il sera
bon voir & congnoistre le Monde : car precedent
ceste generale congnoissance de tout, on congnoistra plus parfaitement apres, vne partie : & apres
que lon aura congnu plusieurs façons de viuré, la
contrarieté des vnes, la diuersité des autres donne-
ront vne entiere congnoissance de ceste cy : & d'a-
uantage l'excellence de ceste cy entre toutes les autres, attirera & amorsera si fort les bons espritz,
que infalliblement toutes les autres delaissees, ilz
suyuront ceste cy, qui est la mode de Court. Mais
à fin que lon entéde ce que i'appelle voir le monde, ce n'est pas monter à cheual, & aller de Paris à
Romme, de Romme au mont Sinay, du mont Sinay, au Trou saint Patrice, & de là aux Antipodes, & des Antipodes reuenir en l'Isle de Canadas.
Car voir du monde n'est pas voir des bastimens,
des terres, & des eaues, combien que cela soit quelque chose, & que par cela on puisse aucunement
congnoistre ce que ie veux dire : mais i'entés voir
du monde, cognoistre la maniere de viure des nations, & les proprietez qu'ont les vnes entre les au-

C 3   tres.

tres. Ce que lon peult faire, sans aller loing, en voyant en quelque ville celebre & frequentant gens
de diuerses nations, & apprehendant en son esprit
ce que lon voit : ou quelquesfois en le lisant par
liures. Et pour verifier cecy on en peult voir plusieurs, les vns, qui ont veu tout le monde, & tous
les camps qui ont esté dressez depuis quarãte ans:
ilz vous compteront des chasteaux & forteresses,
des eglises, de la situation des villes, proprieté des
terres, & autre choses notables, le possible, & tant
que l'œil ha peu voir: les autres, qui ont tout leurs
temps demeuré à la Court, à Paris, à Venise, à
Rouen, à Lyon, à Anuers, & autres villes frequen
tees & celebrees de toutes sortes de gens: estre tous
aussi bestes, & peu congnoissans le monde, qu'vn
simple païsant, qui ne perdit iamais de veüe le clo-
cher de sa parroisse, excepté que ilz font vn peu
mieux la morgue, & marchent plus delicatement.
Pourquoy cela? Les vns sont tant esbahis & eston-
nez de ceste nouueauté, qu'ilz voyent se changer
souuent, que le iugement de l'esprit ainsi perturbé
ne peult rien congnoistre, tant ilz sont faciles à es-
mouuoir, & ressemblent aux folz estourdiz qui
courent si fort par vne rue, qu'ilz ne regardent
point ce qui y est: les autres sont tant accoustumez
de voir vne mesme chose, que ceste coustume de
voir hebete l'esprit, & empesche qu'il ne s'informe

de

de ce qu'il ne congnoit pas, mefmes il ne s'esbahit,
& ne fe foucye de cela aucunemēt. C'eft ce que dit
tant bien Cicerō en fon liure 11. de la Nature des
Dieux, donnant la raifon, pourquoy les Atheiftes
n'ont peu congnoiftre qu'il eftoit vn Dieu, par fes
œuures, voyans le Ciel, les aftres, la terre & autres
elementz, & œuures de luy, difant, *Sed affiduitate
quotidiana & confuetudine oculorum affuefcunt animi, neque admirantur, neque requirunt rationes earum
rerum quas femper uiderunt, perinde quafi nouitas ipfa
nos magis, quàm magnitudo rerum debeat ad exqui-
rendas caufas excitare.* C'eftadire, mais noz efpritz
font tout batuz, de ce que les yeux voyent tous les
iours, & ne s'en efmerueillent point, & ne s'infor-
ment point comment cela fe fait, ne qui eft la caufe de ce qu'ilz voyent ordinairement, comme fi la
nouueauté nous deuoit plus inciter à ce faire, que
la magnitude & excellence des chofes. C'eft donc
l'efprit feul qui voit, & congnoit : lequel deuons
toufiours efueiller, & garder qu'il ne s'enrouille, à
fin qu'il voye & difcerne la maniere de viure de
toutes gens, pour plus parfaitement congnoiftre
la noftre, & par cefte cōgnoiffance venir à la perfection de noftre vertu. De l'vtilité de laquelle ie
diray feulement ce mot, qu'il n'y ha moyen de viure plus à fon aife que par elle, en ce monde : car

C 4　　　de

de l'autre temps, ie n'ay que faire d'en parler. On
y ha aſſez proueu , & par autres que les philoſophes anciens , deſquelz la doctrine ne nous y ſert
pas beaucoup, ie ne ſcay comment ilz s'en trou-
uent:toutesfois que le temps eſt changé depuis.
Quant à la Mort, pour de laquelle euiter la peur,
ilz ont dit merueilles.Quelques choſes que ilz
nous facent lire, ie croy qu'elle les ha faſchez : car
là le fondement de leur ſcience,qui eſt Nature,eſt
diſſolu,& eſteint. Ie m'en rapporterois biẽ à Me-
nippus de Lucian,qui les regardoit tous venir par
le fleuue d'Acherõ aux Enfers, & n'en veit pas vn
qui ne fuſt eſtonné en entrant,excepté Diogenes,
qui faiſoit touſiours du folaſtre,& ne luy ſceut on
iamais faire peur. il eſt bien vray que Socrates de
loing auoit encor bon courage,& faiſoit du mauuais,mais quand il vint à paſſer le guichet, il chan
gea de couleur auſsi bien que les autres. Paſſons
oultre, & venons à parler de noſtre vertu en ſes
eſpeces,par ordre & ſans confuſion.

De Prudence.

NTRE ces quatre branches , celle
qui eſt la premiere, & par laquelle
premierement il nous fault monter
ſur l'arbre de vertu, c'eſt Prudence,
laquelle giſt en la congnoiſſance de
ce qui eſt vray. Car il eſt impoſsible , que nous
puiſsions

puiſsions ordinairement plaire par noz actes aux
perſonnes, ſi nous ne congnoiſſons, que c'eſt que
nous faiſons. De ceſte congnoiſſance yſſent les
artz,& les ſciences, par leſquelles nous deuenons
vrays Courtiſans, comme la Muſique, le ieu de
Luth,de Guytare,de Harpe,de Pſalterion, d'Eſpi
nette, de Viole, de Lyre, de Fleuſtes, & de pluſieurs autres doux inſtrumẽs: l'art de dancer toutes dances,les branſles doubles,ſimples,coupez,de
Bourgongne, de Poitou, de Champaigne, & infiniz anomaux,la baſſe dance auec ſes appartenan
ces (combien qu'elle ſe paſſe fort) l'alemande, la
volte,le tourdion, le branleguet, le bal, la gaillar-
de,ou les cinq pas,& autres : lart de cõpoſer quelque Dizain,Rondeau, Ballade, Elegie,Chanſon,
Cantique ou Lamentation amoureuſe en Ryme
tierce,ou vers Alexandrins,fort piteux, & dignes
de quelque Tragedie,comme d'vn ſeruiteur mal
recompenſé de ſa maiſtreſſe : la ſcience de quelques lieux communs des artz liberaux meſlez &
fricaſſez enſemble, dont on puiſſe s'ayder en tous
propos,& à fin d'auoir matiere pour rencontrer,
& diuiſer de toutes choſes, & non plus : force hy-
ſtoires,pour les cõpter,& pour plus aſſeurémẽt en-
trelaſſer quelque mẽterie aucunesfois.La cõgnoiſſance de langues diuerſes, cõme d'Eſpaigne d'Italien,d'Alemand,& dautres,à fin que lon puiſſe en
C 5   toutes

toutes ces langues là, saluer, exclamer, se indigner, sesiouyr, & s'esbahir : l'art d'escrimer, & voltiger, de iouer à la paulme, à la balle, & à autre ieux d'exercice: quelque peu de congnoissance des estatz, côme du fait de guerre, de pratique, de marchandise, & comment on y peult honnestement desrober, & faire son proufit: & autres petites sciĕces & trafiques qui courent par le monde, esquelles chacun s'efforce d'estre excellĕt, pour lhonnesteté qui en sort: au contraire les ignorans d'icelles sont bestes, pecores, rustiques, & veaux. Et pource que vertu est la mediocrité entre deux vices, quand on congnoistra les deux extremitez, facilement on trouuera le mylieu, qui est vertu. Prudence (comme nous auons ià dit) est la parfaite congnoissance des sciĕces susdites : ou il fault noter que ie mesure ceste perfection, non pas à la rigueur, mais à la reputation de la Court : & celuy qui est tant expert en ces artz & sciences, qu'il s'en scait ayder à son honneur, y est parfait, & appellé prudent. Ce moyen cy est tant difficile à tenir, que peu s'en trouue, qui ne declinent d'vn costé ou d'autre. Les vns pesans les choses legeremĕt, & n'vsans de tĕps ne de conseil, cuydent bien scauoir quelque science & y estre fort expers, mais à grand' peine y ont ilz bien commencé : dont ilz sont reputez temeraires. Les autres voulans estre estimez plus sages,

s'amusent,

s’amufent, & s’embrouillent le cerueau de ie ne
fcay quelles folies,qui ne feruent de rien,& y mettent temps & peine ineftimable: & ceux cy font
curieux. Prenez la mediocrité, vous trouuerez
vne meure & entiere cõgnoiſſance des choſes hon-
neftes & neceſſaires:& voyla noftre vertu. Quand
à Temerité, il n’eft ia befoing de en diuertir les
hommes par raifons morales: car il y ha ſi grand
nombre par tout de ces folz temeraires,qui fe font
moquer, & feruent de fable au peuple,que tout le
monde le congnoit:& croy qu’à leur exemple lon
s’en donnera garde,ſi lon fcait le remede. Prome-
nez vous vn foir par Paris, vous trouuerez vn tas
de ieunes gens, les vns braues de bonne forte, les
autres biẽ peignez, faifans l’amour à quelques da-
moyfelles. Et pource qu’ilz ont encor ce peu d’efprit de cõgnoiftre,que cefte philofophie les pourra infinuer en la grace de leurs maiftreſſes, cuydãs
à la verité eftre trefexcellens & infignes toucheurs
de Lutz,ou de Guyterne,ou de quelque autre in-
ftrument,inceſſammẽt de nuĩct fe promenent par
deuant la porte, efcorchans les poures chordes en
defpit de Mercure.Les maiftreſſes font bien de tel
efprit, telles y ha il, qu’elles trouuent cela le meilleur du monde,& cuydans en fcauoir d’auantage,
& pour complaire à leur amy,refpondent de leurs
chãbres haultes tout deuant leurs marys, les bouf-

fons

fons à plein chant:mais c’eſt pitié que de leur main
tendrette, incontinent elles rompent vne chante-
relle. A l’entour d’eux ſont quelques braues gens
philoſophes Courtiſans, qui ne pouuans de leurs
oreilles delicates ſouſtenir par tel eſgratignement
faire ſi grand’ iniure à Orpheus,viennēt à leurs feneſtres,& parfumēt d’vn pot à piſſer & inſtrumēs,
& ioueurs,en ſorte que le beau filz ne s’y oſe retrou
uer d’vn moys. Vn autre cuydāt eſtre parfait dan-
ceur par ce qu’il auoit ouy dire que en dançant il
ne failloit faire le ſemblant de penſer à ſa dance,
ains contenir modeſtement ſa chere: en dançant à
la veüe de pluſieurs notables Damoyſelles, laiſſe
gliſſer ſa cappe par deſſus ſon cazaquin de damaz,
puis tenant touſiours bonne mine pour monſtrer
qu’il ne prenoit pas garde à ſes pas, peu à peu la
laiſſe tomber bas en pleine ſale: mon homme fort
contēt paſſe oultre à ſes deux ſimples doubles cuy-
dant auoir bien beſongné. Ie laiſſe à penſer comment la compagnie rioit. Vn autre poure fol,gen-
tilhomme toutesfois & des ordonnances,cuydant
bien parler Italien, allant par païs, deſcend en vn
logis pour loger, entre en vne chābre ou eſtoit lo-
gé vn gentilhomme d’Italie,auquel pour le ſaluer,
il dit, bonne iourne,combien qu’il fuſt tard. Ceſt
Italien cuydāt à l’ouyr pronōcer, qu’il dit,bouge-
ronne, ſans dire mot met la main à leſpee: l’autre
tout

tout esbahy fut cõtraint fe defendre:& fe chamail-
lent tresbien l'vn & l'autre fur cefte querelle. Poures folz,ayez la patience de cõfiderer que n'eftes
encores que beftes.Et fi i'ofois parler des Orateurs,
& predicãs, qui cuydans auoir la tefte doublee par
dedãs de l'encyclopedie, pour vn petit mot qu'ilz
ont à dire,& de petite confequence, vont prendre
leurs courfes de fi loing,qu'on ne les voit point reuenir. Et des aduocatz qui cuydãs à force de loix
& canons emporter tout,& ne congnoiffans pas le
poinct de la caufe, le but,le blanc ou il fault tirer,
que ce bon maiftre d'efcole Quintilian, monftre
tant bien:apres auoir harẽgué, Latiné,& fententié
en leur preface tant grauement, que lon dit apres,
Parturient montes, &c. Ilz defcouurent les lieux,
puis amaffent leurs loix,docteurs, chapitres & canons, & canonnent du cofté dont ilz ne font pas
affailliz,& le plus fouuẽt fe frappent eux mefmes.
Cepafius Maior en eftoit bon ouurier à Romme,
que Ciceron peint fi bien, playdant pour Cluen-
ce.Lon ne pourroit pas dire les iniures grandes,&
autres inconueniens qui aduiennent es entrepri-
fes de confequence & au fait des armes, & de pratique, & de marchandife & de Theologie, & de
medicine, par cefte temerité : tefmoings les cou-
ureurs, qui fe rompent le col. Finablement, on
voit tant d'exemples de gens temeraires , que il
n'eft

n'eſt ia beſoing de blaſmer le vice dauantage. Le
remede, de peur qu'on n'y tombe, eſt, de penſer
& conſiderer les choſes tout à loyſir, non ſou-
dainement, & auec bon conſeil. L'autre vice &
extremité de Prudẽce eſt, Curioſité (comme nous
auons ià dit) qui n'eſt moins dangereuſe, que celle
de laquelle nous auons parlé, mais elle eſt de trop
plus grand' peine. Car le temeraire ſans ſonger
ha fait incontinent ſa deliberation, mais le Curieux ſe tormentera iour & nuict: & profitent autant l'vn que l'autre. Plutarche grand philoſophe,
& vn petit traicté qu'il ha fait de Curioſitè, com-
pare l'homme curieux à vn pere de famille aſſez
mauuais meſnager, qui eſtant en ſa maiſon, ha
touſiours le nez aux feneſtres, regardant que font
les autres, & ne ſe ſoucye de ſa famille: ce pendant
il ne voit pas ſes valetz & chambrieres, qui ga-
ſtent & diſsipent tout. L'homme eſt bien aueugle
en ſon mal, qui ſe tue le cœur & le corps, & ſes
affaires demeurent. Nous appellerons en noſtre
Philoſophie Courtiſanne le Curieux, celuy qui ſe
rompt la teſte es artz, & ſciences, qui ne ſeruent
de rien à l'inſtruction de noſtre vie, ſelon vertu,
c'eſt adire, ſelon la mode de Court. Iugeons maintenant combien il s'en fault, qu'vn tel homme ſoit
prudent. On en peult voir beaucoup de telz auiourdhuy, comme ceux qui marchent encor par

les

les paſsees des anciens ſages , & veulent attaindre
ceſte vertu vraye, & parfaite , comme ilz l'appel-
lent, qui eſt ſi hault logee, & en vn lieu tant difficile. Vous les verriez à la Court plus mornes,
plus triſtes, plus melancholiques, ilz ne mengent
que à leurs heures , ilz ne parlent ſinon quand il
leur plait, ilz ne riroient pas pour le Pape , ilz ne
veulent eſtre ſubietz à Prince ne ſeigneur tant
grand ſoit il , ilz trouuent mauuais tout ce que
les autres font, brief ilz ne plaiſent à perſonne. De
quoy leur ſert ceſte grand' curioſité ? de ſe faire
appeller foulz & ſeruir de Triboulet. Que ilz
ayent la reputation des gens honneſtes , ciuilz,
courtiſans? Iamais. Que ne voit on là vn Diogenes , auec ſon baſton , ſon biſſac , & ſon eſcharpe
manger ſes choux en ſon vaiſſeau? Les pages le
roulleroient. S'il euſt eu encor quelque Menip-
pus ou frere Iean des Antonnieres , on l'en priſe-
roit mieux. Les autres ſe fondent ſi auant en la
ſainte eſcriture, cuydans que la vertu giſe là , que
plus toſt mourir que les faire changer propos.
Mais à quoy penſent telles gens? ou eſt leur eſprit?
qu'eſt il beſoing s'enquerir ſi auant de Dieu? quelle Curioſité eſt ce , de ſe rompre la teſte en choſes
tant inutiles, qui ne ſeruent de rien, mais plus toſt
nuyſent à leurs autheurs ? que ne viuent ilz cõme
les autres? *Mitte archana dei.* Telles gens ſont folz,

au

au moins telz reputez. Ie les verrois voluntiers
en noſtre Academie, comment ilz s'y porteroient
vaillans? Il y ha autres infiniz gens, curieux en autres mille petites folies les plus inutiles du monde, & neantmoins ilz cuydent eſtre prudens &
bien congnoiſſans, comme Aſtrologues, diuina-
teurs, Magiciens, Alkimiſtes, combiẽ que ces der-
niers ſont aſſez les biens venuz pour ceſte heure,
mais ie croy, qu'ilz ne dureront pas long temps.
Il ſuffit ſcauoir de tout cela pour en parler ſeulement quelque peu, & deuiſer en compagnie. Le
reſte ne ſert de rien à noſtre vertu, ains nuiſt, &
empeſche que ne puiſsions acquerir ceſte honneſteté, à laquelle deuons tous tendre. Et voyla ce
que nous auions à dire de Prudence.

De Iuſtice.

IVSTICE vient en ſon ordre, qui
eſt celle à laquelle ſe doiuent referer toutes les autres, & ſans laquelle
les autres ne ſentent rien moins que
vertu. Car dequoy profite vne congnoiſſance parfaite de quelque art ou ſcience, ſi
elle ne ſert qu'à faire tort à autruy? Comment appellerons nous vn cœur hault, & inuincible, quelque fortune qui luy auienne, s'il s'employe à ſup-
pediter & fouler les autres? Qui ſera le Modeſte,
qui faiſant obeïr ſon appetit, & ſes affections à
Raiſon,

Raison, ne sera aussi iuste ? Sans iustice nullè vertu ne peult cõsister, pour l'vtilité de laquelle nous
deuons prendre grand peine à la congnoistre. Et
pource qu'elle est de si grande estendue, quil est
impossible la comprendre en vne brieue diffini-
tion, nous la descrirons. Ie ne ignore pas toutesfois
que la definition vulgaire de Iustice est telle, vne
ferme & asseuree volunté de dõner & faire à chacun ce qui luy appartient : qui est certes elegan-
tissime & fort propre. Mais pource quil me semble, ou qu'elle cõprend trop peu, ou quil faudroit
(ce qui luy appartient) entendre en si grande ge-
neralité, quil auroit aussi grand besoing d'expli-
cation que iustice mesme, ie nen ay point voulu
vser pour definition. Pour y entrer : il est bien
vray, que ceste maxime que dit Ciceron estre cõ-
siderable en toute la deduction de iustice, est fort
bõne, qui est, que nous ne facions tort à personne.
Mais il me semble que pour l'acomplissement de
ceste vertu, il ne suffit pas ne faire tort à personne
(comme nous dirons cy apres) mais aussi il nous
fault faire du bien à autruy : si nous ne voulions
entendre qu'en ne faisant pas le bien à celuy auquel nous le deuõs faire, sans luy oster rien du sien,
nous luy faisons tort : qui seroit trop subtilisé, &
sont telles opinions captieuses, damnables. Car
on ne dit point, qu'en ne faisant plaisir à celuy au-

D

quel

quel on le peult faire , & feroit bien fait , on luy
face tort.

IL y ha vne Iuſtice legale,& vne Mo
rale , qui eſt celle de laquelle nous
parlons , & laquelle à grand peine
pourra eſtre congnue,pour la grãde
connexité qui eſt entre les deux , ſi
nous ne parlons de lune & lautre,à fin que lon cõ-
gnoiſſe en quoy elles ſont differentes , & en quoy
elles conuiennent. Toute Iuſtice ſoit Legale ou
Morale,eſt diuiſee en deux eſpeces.Vne eſpece de
Iuſtice eſt Commutatiue,lautre Diſtributiue , &
croy,à mon opinion, que de ceſte derniere Diſtributiue, Ciceron ha tiré liberalité , laquelle il fait
eſtre vne partie de Iuſtice en ſes Offices.Soubs ces
deux eſpeces de Iuſtice giſent toutes les actions,
tous les faitz des hommes reciproques des vns enuers les autres.Ceſt ce que lon dit,que ceſte vertu,
eſt le lien de la ſocieté humaine, & ſoubs laquelle
les hommes ſont coniointz les vns auec les autres,
& qui les garde de ſe eſcarter,de ſe diuiſer,& de ſe
ſeparer de ceſte compaignie. Toutesfois depuis le
temps que les bõnes voluntez naturelles ont eſté
peruerties & corrompues (cõme i'ay dit au commencement)& que ceſte deeſſe Aſtrea ha laiſſé le
monde: pource que les hommes cõmençoient à ſe
eſcarter, diuiſer , & laiſſer les vns les autres (cõme
eſcrit

escrit tant bien Ouide es Metamorphoses) & que
ceste societé, & compagnie d'hommes se perdoit,
qui estoit contre lintention de celuy qui les auoit
icy mis:il ha esté besoing leur bailler des freins, &
des brides, pour les ramasser, rallier, & entretenir les vns auec les autres,qui sont les loix ciuiles,
par lesquelles les hommes, qui au parauãt de leur
plein gré estoient bons, iustes, & loyaux, depuis
ont esté contrains suyure Iustice, non pas la mes-
me:car elle auoit laissé la terre: mais la plus semblable que on ha peu faire.Et ceux qui se gouuernent en sorte, que ces loix ne peuuent les repren-
dre,ne mordre sur eux, nous disons auoir la Iustice legale: laquelle cõbien elle est differẽte de ceste
premiere iustice,qui estoit precedente la constitu-
tion des loix,qui est celle des anciens Philosophes,
au lieu de laquelle est succedee la nostre,ie laisse à
ceste heure à penser : apres toutesfois auoir dit ce
mot, que les loix Ciuiles defendent les delictz en
tant seulemẽt quilz naissent,pullulent,& regnent
entre les hômes : mais les Philosophes defendent,
tout ce quilz pensent en leur esprit estre contre
raison,lesquelles defenses sont les trop plus estroi-
tes,& rigoureuses. Cecy est de Ciceron (à fin que
ie ne semble luy vouloir desrober) en ses off.ces,
ou il dit, *Aliter leges, aliter philosophi tollunt astu-*
tias: Leges quatenus manu tenere possunt, philosophi

D 2 quatenus

quatenus ratione & intelligentia. Mais il nous fault passer oultre.

De la Iustice legale, & des loix Ciuiles.

A Iustice legale, qui vient de l'obseruance des loix Ciuiles, desquelles les obseruateurs sont appellez iustes, & bons, ha esté diuisee par cy deuãt en Cõmutatiue, & Distributiue : & auõs en ce suyui les anciẽs auec Melãchthon grãd personnage, & bon Philosophe de nostre temps, en vn Epitome quil ha fait de la Philosophie morale, autre toutesfois que ceste cy. En ceste diuision est comprins tout ce que ont escrit les Iurisconsultes, & Legislateurs, des escritz desquelz assemblez & digerez ha esté composé le corps de droit : il est vray que plusieurs bonnes gens de Docteurs ont escrit maintes choses, qui ne sont ne de la commutatiue, ne distributiue. La cõmutatiue gist es causes, contractz, tiltres, obligations, & actions : consequemment aussi es droitz des personnes, pour cõgnoistre ceux qui sont vsans de leurs droitz, ou non : ceux qui peuuent contracter, ou non : puis es droitz des choses, pour scauoir desquelles on peult contracter ou non. Des contractz, les vns sont voluntaires, cõme, Vendue, Achapt, Louage, Prest, Donation

Donation & autres : efquelz font comprins auffi
les quafi contractz , d'ou viennent les droitz des
fucceffions. Les autres font cõtrains , comme tous
delictz, & crimes. Et voyla foubs la commutatiue
la plus grande partie des loix Ciuiles comprinfe.
Et eft appellee cõmutatiue, par ce que le premier
contract qui ayt efté en vfage, eftoit permutation.
Car anciennement auant que cefte pefte de mon-
noye fuft forgee, les bonnes gens efchangeoient ce
dont ilz fe paffoient aifément , contre ce dont ilz
auoient affaire (comme dit Homere) & neftoit
queftion de vendre ne dacheter: car le prys qui eft
de la fubftance de ce contract, neftoit point encor.
Mais depuis que lon ha fouillé es entrailles de la
terre, & que cefte malheureufe, infatiable, execra-
ble, & enragee faim d'or & d'argent ha enuahy les
cœurs des hommes : on pratique fi bien ce cõtract
de vendue, quil n'y ha permutation, election, ne
collation qui ne perde fa place: & n'y ha chofe tant
digne, fainte, facree , ou religĩeufe, qui fen fauue.
Lautre partie de la iuftice legale eft diftributiue,
ainfi appellee , pource qu'elle gift en diftribution
d'hõneurs, dignitez, magiftratz, perfonatz, offices,
benefices, immunitez, exẽptions, priuileges, fran-
chifes, & libertez , & de tous autres profitz, aux
perfonnes dignes & bien meritez de la chofe publique : & en linftitution comment telles gens fe

D 3   doiuent

doiuent gouuerner en ces eſtatz. Laquelle diſtributiue, pource qu'elle n'eſt autre choſe, ſinon re-
compenſe de vertu, l'eſtime eſtre de ſi grande re-
commendation que rien plus. Et pour ceſte heure
n'en parleray point : mais ie m'en repoſeray ſur ce
qu'en ha dit ce grand Orateur Demoſthene, en
l'Oraiſon qu'il ha faite de l'immunité, côtre Lepti-
ne, qui la vouloit abroger: ou il enſeigne tant ſagement, & d'une grauité tant modeſte, comment on
doit recôpenſer les perſonnes dignes, & bien meritez. Et me ſouuient entre autres paſſages de ceſtuy cy, C'eſt (dit il) vne choſe tresbelle, non point
par flateries & auec reproches: mais iuſtement entre ſes côpagnons, & ſes pareilz en loix & en Cité,
ſe monſtrer entre les autres auoir merité quelque
dignité : laquelle dignité ſi vous luy oſtez, oſtez
auſsi voſtre republique: car elle demeurera ſans
gouuerneur. Voyla des loix Ciuiles & de la iuſtice legale, ce qui ſert à noſtre matiere.

De la Iuſtice Morale.

N OSTRE Iuſtice, môyennât laquelle nous pourrons paruenir à noſtre
vertu, c'eſt adire nous ſerons bien venuz par tout, reputez ſages, bien vi-
uans & à la mode de Court, eſt tout
autre que celle de laquelle nous auons parlé: côme
plus

plus indulgente es aucuns lieux, es aucuns plus
eſtroite & ſcrupuleuſe.Et dautãt qu'elle ſe eſtend
plus loing que les autres vertuz (cõme nous auõs
ia dit) dautant eſt il plus difficile de ſpecifier, &
nommer ſes extremitez : & nen puis autre choſe
dire,ſinon que,ce qui neſt fait ſelon ceſte vertu,de
quelque coſté que ce ſoit, ſera touſiours iniuſtice
& iniure.Et pour venir à la commutatiue, quand
aux contractz & trafiques des vns auec les autres,
on tient bien la maxime quil ne fault faire tort à
perſonne : mais il ſe entend ſi le tort neſt couuert
& caché de quelque petite veriſimilitude de raiſon (car nous nauons pas acouſtumé regarder les
choſes de ſi pres) cõme,celuy eſt iniuſte qui prẽd,
ou retient le bien dautruy:mais en contractant,en
faiſant quelque marché, il eſt permis deſauãtager
ſon hõme tant que lon peult, & eſt vne choſe fort
louable. Car (dient les Legiſtes) *Licet contrahen-*
*tibus inuicem ſe decipere.*Il eſt permis aux marchãs
ſe tromper lun lautre. Lhomme ſeroit il pas bien
de ſon païs, ceſtadire , nyais, ſimple, & beſte, qui
ayant locaſion de tromper hõneſtement ſon com-
pagnon,ne le trompe pas?cela ne ſentiroit pas ſon
Philoſophe,ne ſa Court.Generalement,& ceſt vn
grãd poinct de ceſte vertu, il eſt permis, tromper,
brouiller , chiquaner faire du pis que on peult,
moyennãt que le Iuge ny puiſſe mordre : *Nemini*
D 4   *enim*

enim facit iniuriam,qui suo iure utitur:Celuy qui gar
de son droit ne fait tort à personne. Et ceste cou-
uerture de garder son droit,nous donne quasi vne
licēce de tout faire: & en ce ceux qui sont les plus
rusez & excellens, sont les mieux reputez desquelz on dit,Sil doit,il veult payer,si on luy doit,
il se fait bien payer aussi.Quād aux crimes & delictz,on ha acoustumé de garder ceste distinction.
Ceux qui se commettent par armes, quelz quilz
soient,sont ezcusables,souuēt louables:par ce que
ordinairement celuy qui les fait, ou il defend sa
personne, ou son honneur,ou il estoit irrité, & ha
tousiours quelques semblables couuertures,soubs
lesquelles la verité des delictz est cachee , en sorte
que nous ne la voyons pas: aussi ne regardōs nous
que le dessus. Quand aux autres , comme desrober, faire iniure ciuile , & semblables delictz pri-
uez: ilz sont trop plus reprouuez que les prece-
dens : par ce que les susdites raisons & couuertures ordinarement n'y sont pas , sans lesquelles generalement tous delictz sont plus damnables par
nostre Philosophie,que par les loix: car les Philosophes desirent tousiours vne iustice plus estroite,
& vne vie plus iuste que les loix: aussi les gentilz
hōmes & autres Courtisans ne se cōtentent point
d'vne vie reiglee selon les loix ciuiles : mais ilz y
veulent encor mettre dauantage. Car vn malfai-

teur

teur ou delinquant,quelque petit delict quil com-
mette, il blesse l'honneur de celuy qui est oultragé, qui est le crime auiourdhuy le plus odieux de
tous. Et ne peult on si peu blesser l'honneur d'vn
gentilhomme ou autre Courtisan, quil n'y gise vn
combat (il se entend en deffault de preuue) tellement que pour vn desmētir il est permis, & peult
on iustement tuer vn homme : car vanité & men-
terie est la plus grãd playe que lon scauroit point
faire à nostre hōneur.En quoy lon peult voir quel
estime nous faisons de l'hōneur:veu que cela nous
est permis pour le defendre, que les anciens & les
loix mesmes ont permis pour defendre la vie. Et
non sans cause: car l'honneur & la reputation sont
la fin de nostre vertu, sans lesquelz, nostre vertu
ne seroit rien. Tous delictz donques, desquelz le
droit parle,passeront plus legeremēt enuers nous,
que selon les Legistes, au moyen des couuertures
& pretextes, dōt i'ay parlé.excepté si nostre reputation ha esté blessee : car en tel crime,nous regardons de plus pres laffaire que es autres : enuers lequel,certes,les loix ont esté trop indulgētes. Mais
pour scauoir quelles choses foullent l'honneur des
hommes,il se peult mieux penser que dire. Encores diray ie ce mot auant que passer oultre,que la
loyauté nest point tant requise en nostre Iustice
enuers noz semblables ou inferieurs,cōme en celle

D 5   des

des anciens,qui en font son fondement:car il suffit
tenir sa parole en tant que le Iuge nous y peult
contraindre : hors le danger de proces,ce nest que
brauerie de bien promettre : tellement que on dit
en communs prouerbes,Promesse de gentilhomme,Eaubeniste de Court.

De la seconde partie de Iustice , qui est
distributiue, & de liberalité.

AVTRE partie de nostre Iustice,est distributiue,que Ciceron appelle Liberalité,& tresbien : car qu'est ce autre chose
Liberalité , sinon distribution
d'hōneurs & de biens aux per-
sonnes dignes ? En laquelle les anciens ont flory,
& fait florir leurs Republiques.Et ne scay sil y ha
auiourdhuy vertu, qui soit plus agreable à nostre
Philosophie,que ceste cy.Car (cōme iay dit main-
tesfois) la fin de nostre science & de nostre vertu
mesme,cest la gloire & la reputation dun chacun;
& celuy qui la desire & la cherche , est le sage : celuy qui l'ha,est le seul heureux en ce mōde,& qui
viura à tout iamais cy bas.Au contraire celuy qui
ne sen soucie , & ne fait compte de ce que lon dit
de luy,est reputé ou stupide, ou dissolu. La lettre
de Pythagoras ne pourroit pas auiourdhuy nous
donner

donner ce bien. Et ne fault plus aussi que Seneque
nous rompe la teste de sa chanson.

Illi mors grauis incubat,

Qui notus nimis omnibus,

Ignotus moritur sibi.

Celuy à son trespas

Est en vn grand martyre,

Qu'on regrette & desire,

Et ne se congnoit pas.

Car si lon nest congnu, on ne peult venir à ceste perfection de nostre vertu. Autant en fault il
dire d'Horace en l'Ode.

Non mea renidet in domo

Ebur, &c. Et de Claudian en son Rustique, &
de ce galand Ouide, qui deuint tant sage depuis
que on luy eut donné des verges, disant:

Crede mihi, bene qui latuit, bene uixit, & intra

Fortunam debet quisq; manere suam.

Croy moy, celuy est le plus sage,

Qui ne veult point voler si hault:

Retirons nous, Amy: il fault

Selon son bien passer son aage.

Et plus oultre.

Viue sine inuidia, molleisq; inglorius annos

Exige, amicitias & tibi iunge pareis.

Vi sans enuie, & à ta table,

Fay

Fay grand chere en toute saison.
Laiſſe honneur, garde ta maiſon,
Ne fay Amy que ton ſemblable.

Ie laiſſe là les autres qui ſe ſont fondez plus auāt en leur ſapience, diſans tous d'vne voix cōmune, que ceux ſont les plus ſages qui ſe monſtrent le moins : car cela eſt directement contraire à noſtre vertu Courtiſanne. Eſtant donques hōneur le but auquel nous deuōs tendre, y ha il moyen plus expedient pour auoir bonne reputation que eſtre liberal? diſtribuer de ſon bien à tout le monde? faire plaiſir à tous venās? faire la Court à chacun, retirer l'vn des mains du Preuoſt des mareſchaux, lautre du maiſtre des Galeres, nourir cinq ou ſix poures eſpadacins affamez cōme loups, faire feſtins, conuiues, banquetz à court ouuerte ? Non certes.

CESTE vertu giſt en la diſtribution de trois choſes, de biens temporelz, & ce appartient aux grās ſeigneurs: de reuerences & honneurs, & ce eſt l'eſtat des petis compagnōs: de biens de l'Eſprit, & ce eſt l'office de gens lettrez. Quant aux premiers, les maximes que lon y doit garder ſont, de n'vſer de liberalité, ſinon enuers ceux qui le meritent, & par le moyen deſquelz nous pourrōs eſtre reputez Philoſophes de Court, & acquerir ceſte reputation : bons Soudars de guerre qui
ſcauent

scauent bien entretenir leur Capitaine, ceux defquelz nous auons parlé cy deſſus, Gentilzhōmes
braues, miſtes, ciuilz, qui ont touſiours la main au
bonnet, vn genoil à terre, tant bien accordans, tant
bien obeïſſans, mile careſſes, mile reuerences: ceux
là ſont dignes de liberalité de Princes, non pas vn
tas de ie ne ſcay quelz grōgneurs, auſquelz, quād
vous aurez baillé la moytié de voz biens, encor
leur ſemblera il que vous ſoyez bien tenuz à eux,
le plus ſouuent ilz le refuſent, & font des graues.
De receuoir d’eux quelque hōneur ou reuerence,
ſi peu que rien: mais encor vous tenceront ilz tref-
bien, & vous diront, que viuez mal, & parleront à
vous cōme à leurs valetz. Faire bien à telles gens,
eſt mal fait, & eſt vne extremité de ceſte vertu, qne
on appelle Prodigalité, de laquelle nous parlerōs
tantoſt amplement, auec ce bon Ennius diſant,
Beneſacta male locata, maleſacta arbitror: Vn bien
mal aſſiz, eſt mal: autremēt, vn plaiſir fait à vn hō-
me qui ne le vault pas, eſt vice. Autre maxime de
ceſte vertu eſt, de meſurer la liberalité ſelon ſes fa-
cultez. Il ne fault pas tant dōner, quil en ſaille de-
māder apres. Toutesfois il y en ha qui ſont de diuerſe opinion, & diſent que ſans auoir eſgard aux
biens, nous ne deuōs reſtraindre noſtre liberalité:
car il en vient touſiours; & puis il vault mieux
eſtre en poureté auec hōneur, qu’en richeſſes auec
villennie:

villennie:mais ie ne ferois pas de leur aduis.Car les
anciẽs n'ont point voulu,qu'en faifant plaifir à vn
autre,nous nous oftifsiõs le moyen de ne pouuoir
plus faire plaifir:ains nous deuons nous y gouuerner, cõme celuy qui mõftre le chemin à vn autre,
ou celuy qui allume la chandelle d'vn autre à la
fienne:car lenfeigneur ne pert point fa fciẽce,ne le
allumeur fa clarté : & me femble q̃ la plus grãde &
faine partie de noz Philofophes font de cefte opi-
nion.Dauãtage,celuy q̃ eft deuenu en poureté,en-
cores que par fe eftre fait poure il ait acquis q̃lque
hõneur,& foit eftimé liberal:il luy fera biẽ difficile
de entretenir en fa poureté cefte reputation. Car
nous prefumõs ordinairemẽt cõtre le poure. Vne
tierce maxime eft,de cõioindre liberalité auec iuftice : car il neft bon ne decent faire fes prefens du
bien dautruy:ceft ce q̃ on dit,du cuyr dautruy lar-
ge courroye.En quoy nous deuõs cõfiderer ce que
nous auõs dit parlãs de iuftice,que detenir le bien
dautruy neft q̃ galãtife, moyennãt que cefte detẽ-
tion foit couuerte de q̃lque verifimilitude de raifon: car (cõme nous auõs dit tãt de fois) le deffus,
les femblãces,les apparẽces font le principal de noftre Philofophie:& quelz nous femblõs,telz fommes nous iugez icy , par prouifion , & fans preiu-
dice,de pouuoir cy apres affoir autre iugement &
diffinitif,fur noz charges & informations,qui font
fecrettes

secrettes aux hommes , Iuges de ceste prouision:
car nous les gardons cachees en nostre greffe.

Vssi nous fault il penser que en
vsant de liberalité, ou nous faisons
plaisir les premiers : ou nous rendōs
le plaisir à ceux qui le nous ont fait.
Et quand nous le rendons, nous de-
uons moins nous restraindre : car telle obligation
nest moindre enuers nous,q̄ si elle estoit ciuile. De
ce nous est vn grād argumēt que cōbien que la liberalité de soy doiue estre volūtaire,cōme le nom
mesme tesmoigne:toutesfois en ce cas,les loix l'ont
cōmandee,& y ont astraintz certaines personnes,
Donataires enuers leurs Donateurs , Filz enuers
leurs Peres voire defunctz,serfz manumiz enuers
leurs patrons, & autres. En lun & lautre nous deuons cōsiderer les circōstāces,à fin de mieux vser
de ceste vertu:qui nous sommes, qui est celuy auquel nous faisons plaisir,parent,voisin,ou Amy,&
autres semblables. Entre toutes les circōstāces il
n'y en ha point,qui soit de si grād efficace que vne
amytié bōne & fondee sur vertu:cōme nousvoyōs
gentilhōme à gētilhōme,Soudart à Soudart, quād
ilz sōt tous Courtisans. Et nest ià besoing regarder
le fond de telles amytiez si auant,cōme lon pourroit dire:mais il suffit que sur ce fondemēt d'hōne-
steté & ciuilité de Court,il y ayt q̄lque mignardise,

ou

ou feinte amour, q̃ lon pourroit appeller (si le mot
nestoit trop aspre) flaterie, qui les lie ensemble.

Des deux autres parties de liberalité.

E s deux autres parties de liberalité sont distribution d'honneur & reuerence, qui appartient aux inferieurs : & de conseil, qui est l'estat des gens doctes & lettrez, soient superieurs,
semblables, ou inferieurs. Quant aux premiers,
ilz se doiuent garder songneusement, qu'ilz ne
soient chiches de reuerence enuers ceux qui la
meritent : car on les appelleroit arrogans, & ignorans. Aussi ne doiuent ilz estre trop prodigues de
salutations, & reuerences, tant en faitz qu'en pa-
roles : car on les estimeroit flateurs, ou trop sim-
ples. Quant aux gens de lettres : ilz se doiuent
contraindre, de cõseiller aux autres, non pas tousiours selon ce qu'il leur semble estre vray : mais
selon le plaisir des personnes. Car s'ilz vouloient
tousiours suyure leur opinion, ilz seroient folz,
opiniatres, & ne paruiendroient iamais à ceste
perfection de vertu. Cela se pratique fort es con-
sultations de droit, desquelles les deliberatiõs sont
ordinairement au souhait de la partie qui consul-
te. Et n'est point de ce temps seulement que lon
fait ainsi : mais anciennement Ciceron le faisoit
bien

bien en ſes playdoiers, comme il teſmoigne luy
meſme en l'Oraiſon pour Plance. *In cauſis* (dit il)
adhibemur, vt ea dicamus, non quæ noſtra authoritate
conſtituantur, ſed quæ ex re ipſa cauſaq́; ducantur. On
nous fait playder, non pas pas pour dire tout ce
que bon nous ſemblera, mais pour dire ſelon le
temps & les perſonnes ce qui ſera trouué pertinent & ſeruant à noſtre cauſe. Et plus oultre,
Non ſolum meo conſilio vti cõſueui, ſed multum etiam
eius quẽ defendo, & conſilio & voluntati obtempero.
Ie nay, dit il, pas accouſtumé de faire tout à ma
teſte, mais bien ſouuent ie m'accommode au vou
loir de ma partie. Ie nen voy point qui me plaiſent plus en ceſt eſgard, que les eccleſiaſtiques: &
non ſans cauſe: Car ilz prennent tous grand peine
à chercher noſtre vertu. Ce ſeroit fait iniure aux
lettres, ſi les ignorans auoient ceſte vertu de cohi-
ber leurs affections, & ſaccommoder à celles de
ceux, auſquelz ilz parlent mieux que les doctes
& lettrez: dont nous parlerons plus amplement,
quand nous traicterons de Modeſtie. Ce que nous
auons dit des liberaux en leurs biens temporelz, peult ſeruir auſsi à ceux cy, &
neſt beſoing le repeter. Maintenant il nous fault parler des
deux extremitez de
ceſte vertu.

E　　Prodig

Prodigalité, & Taquinerie.

A diſtribution de biens,& deſpen-
ſe magnifique, eſt enuers nous tant
hōneſte,& fauorable, que ie ne ſcay
preſque, comment nous ne deuons
point craindre l’exces de ceſte ver-
tu,qui eſt prodigalité:Au cōtraire Lauarice,Chi-
cheté, ou Taquinerie eſt tant odieuſe & reprou-
uee, que de peur de tomber en la mauuaiſe opinion des hommes touchāt ce vice,il nous en fault
reculer loing, & ſi loing,que nous deuenions(par
maniere de dire)vn peu prodigues. Et s’il eſt beſoing meſler la lucratiue, & proufit de deniers
auec l’honneſteté, que n’ont point voulu faire les
mieux aduiſez Philoſophes du paſſé : nous trouuerons, que le taquin & auaricieux perd plus de
ſon bien , qu’il nen ſerre : & ne fault point dire, ſi
lon voit vn auaricieux riche , que l’auarice ſoit
cauſe de ſes grans biens : ains s’il eſtoit liberal , il
acquerroit ſans comparaiſon plus grandes richeſſes : car ſi par ſa trop grande diligence il amaſſe
quelque peu , par ſa trop grande peur de perdre,
il laiſſe à faire plus grād profit: cōme quand il dit,

Fertilior ſeges eſt alieno ſemper in aruo,

 Vicinumq́; pecus grandius vber habet.

 Le bled des autres eſt plus beau

Que

Que celuy de mon heritage:
Et mon voisin ha du lectage
Plus que ie n'ay, de son troupeau.

Cela est cause, qu'il ne veult plus acheter terres,
ne bestes, ains cache son argent en terre, ou en vn
coffre, attendant le larron. Car tout ainsi que la
trop grand' crainte que lon voit auoir vn homme de sa femme, excite & prouoque les ieunes
gens à luy faire l'Amour, comme estant vne en-
seigne, ou que la femme est de bonne volunté, ou
qu'elle n'ayme point son mary, ou qu'il y ha quelque autre chose, par laquelle on entre en esperance d'y paruenir: aussi la peine & solicitude que lon
voit auoir vn Auaricieux de garder son bien,
esueille les larrons, & leur monstre qu'il y fait
bon. C'est ce qu'on dit communement: *Malus est
custos diuturnitatis metus*: Qui ha peur, il perd. Oui
de escriuant aux Ialoux, qui gardent trop leurs
femmes, le dit si bien,

*Quicquid seruatur, cupimus magis, ipsaq́; furem
    Præda facit: pauci, quod sinit alter, amant.*

  Ce que vous gardez nous chassons:
  Ou lon craint, le larron se rue:
  De celle qu'on voit en la Rue,
  Facilement nous nous passons.
Pour exemple de ce i'allegueray le fin valet Stro-

phile, de Plaute , qui voyant la peine qu’auoit le malheureux Euclio de cacher ſon or , le portant maintenant en vn lieu , maintenant en vn autre, ſoupſonnãt touſiours qu’on l’auoit veu,ſe doubta qu’il y auoit là du bon, & l’eſpia en ſorte qu’il fut deſrobé. Oultre cela , la turpitude de ce vice eſt telle, qu’il n’y ha celuy qui ne haye le Taquin, & qui ne ſoit aiſe de luy faire deſplaiſir , tant s’en fault qu’il puiſſe acquerir la grace des autres , & par ce moyen faire ſon profit. Car(comme dit Ciceron) *Rerum omnium nec aptius quicquam eſt , ad opes tuendas , ac tenendas , quàm diligi , nec alienius quàm timere.* Il n’y ha choſe plus proufitable à l’homme pour ſe faire riche , & contregarder ſon bien,que ſe faire aymer d’vn chacun : ne plus contraire, que eſtre en crainte. Nous l’auons veu anciennement en vn Romain nommé Mamercus, homme riche, & de grand credit, qui n’ayant fait aucune magnificẽce, ne ſumptuoſité durant qu’il eſtoit Edile (comme la couſtume eſtoit) tomba en ceſte opinion d’auarice , pour laquelle il fut ſi mal voulu du peuple,que puis apres pourſuyuant la dignité de Conſulat , pour ceſte ſeule cauſe le peuple le refuſa. Et ſi nous voulons de l’antiquité venir à noſtre temps, quelle eſtime fait on d’vn Auaricieux? que dit on dun Taquin ? le vilain ne donneroit pas vn verre de vin à vn homme de

bien:

bien : il ne oſeroit hanter bonne compaignie de
peur que il ne luy couſte : il menge ſon auoine en
ſon ſac : & autres ſemblables propos iniurieux, en
ſorte quil n'y ha gentil homme de tant ancienne
& noble race ſoit il , quil ne ſoit reputé vilain,
ſil donne vne fois loccaſion tant petite ſoit elle,
de eſtre veu Taquin : tellement que encores mac-
corderois ie auec ceux, qui ont le cœur ſi noble, le
vouloir ſi franc, leſprit ſi glorieux, que plus toſt
ilz feront couler leur bien en braueries , pompes,
& magnificences , que ſe laiſſer tant ignominieu-
ſement choir en ceſte opinion de Taquin. L'auarice en toutes perſonnes eſt odieuſe , principalement es Princes, & grans ſeigneurs : auſquelz il eſt
bien ſeant entre tous autres exercer liberalité (autremẽt tirans touſiours leur droit de leurs ſubietz,
ſans le leur diſtribuer, par laps de temps , ilz ſe
trouueroient ſans tribut, & ſans ſubietz.) Car qui
diſpoſera le bien, (que Platon grand perſonnage,
ha voulu eſtre commun) ſinon ceux qui lont? com
ment les petis compaignons auront ilz leur part,
ſi lon ne leur diſtribue? Suyuant cecy, les vns ont
voulu dire, que les opulens & auares ſont larrons,
comme faiſans dune choſe commune leur propre.
Ce neſt point donc ſans cauſe ſi ce vice eſt tant
haï , & chaſsé de noſtre compaignie , en laquelle
rien neſt plus deſplaiſant , que ne vouloir faire

E 3   plaiſir.

plaiſir. Et dautant que linfamie d'vn tel homme
eſt plus grande, dautant nous deuons nous retirer
plus loing de ceſte extremité, voire meſmes auec
perte de noz biens, & pluſtoſt (comme iay dit)re-
putation de Prodigue. Car le Prodigue eſt plus
excuſable ſans comparaiſon enuers nous, que l'A-
uare: & ſi nous voulons regarder de pres, nous ne
trouuerons homme tant prodigue , & pour cela
tant à reprouuer, que l'Auare. Car quelle peult
eſtre plus grande prodigalité que mettre à part,&
ſeparer le bien de ceſte cōmunauté,oſter aux hommes la faculté d'en vſer,le perdre & (cōme on dit)
le ietter en la riuiere? Si le bien du Taquin neſt
perdu,à tout le moins durāt ſa vie,ie ne ſcay cōmēt
on eſtime le bien perdu: autāt ſe ayde il de ce quil
ha,cōme de cela quil nha pas : & ſont ſes richeſſes
comme ſi elles neſtoiēt point. Ceſt ce que lon dit,
Tam deeſt auaro quod habet, quàm quod non habet:
L'Auaricieux ha auſſi grand default de ce quil ha,
comme de ce quil nha pas. Ne ſeruāt rien ſon bien
à la communauté des hommes,non pas à luy meſme, il le fault eſtimer perdu: eſtant perdu, nous
voyons cleremēt,que l'Auaricieux eſt le vray Prodigue. Mais à fin que nous ne ſemblions approu-
uer la deſpēce trop deſmeſuree, il nous fault donner la borne à liberalité.Ciceron es offices dit,que
pour euiter l'exces de ceſte vertu, nous ne deuons

rien

rien donner, quil ne foit vtile, ou neceffaire: en forte que lutilité & la neceſité ſont les deux bornes
de ceſte vertu : leſquelles paſſees, nous deuenons
Prodigues. Mais certes ſi nous vouliõs ainſi eſtroi-
tement la cõprendre, nous ferions tous noz Courtiſans & les mieux apris, vitieux, leſquelz toutef-
fois nous eſtimons Sages. Car non ſeulement ceux
qui diſperſent de leur bien, ou font quelque magnificence, ſans quil en ſoit beſoing ou neceſité,
ne ſont pas Prodigues : mais ceſte ſi grand’ ardeur
& tant bonne cupidité de gloire, qui ſans aucun
iugement ne conſideration les cõtraint à ce faire,
eſt tant honneſte, & part d’vn ſi bon lieu, que on
leur attribue, ie ne ſcay quelle vertu plus grande que liberalité, que on appelle magnificence:
de laquelle vient ce tiltre tant excellent de Magnifique. Et veritablement puis que lintention
& le vouloir d’vne perſonne, fait trouuer ce qu’il
fait, bon ou mauuais : telles magnificẽces ſont fort
à louer, yſſans d’vne ſi grãde amour de noſtre vertu, & d’vne telle affection de plaire aux hommes,
que telles gens n’ont le loyſir de peſer ne conſiderer toutes les maximes, & circonſtances, que ſcru-
puleuſement les anciens nous veulent faire obſer-
uer en ceſte liberalité. Dauãtage nous, qui ne nous
arreſtons pas beaucoup aux choſes latentes & cachees, ains regardons la ſuperficie, & la ſemblance

E 4   exter

exterieure des actes, voyans de telle magnificence
se monstrer vn vouloir le plus liberal du mõde,&
ne nous amusans point à tresuoir l'vtilité ou necef
sité, qui est trop cachee & couuerte là dessoubs:
que scaurions nous iuger de telles gens, sinon tout
biẽ & tout honneur? Laissons dõnques ce que dit
mesme Valere Maxime parlãt de liberalité, quãd
il dit que les deux fonteines dont elle sort, sont
vray iugement & honneste beneuolence: car vne
ardẽte affection de aggreer aux hommes ne peult
discerner cela, & ne veult estre aufsi tant scrupu-
leuse. Considerons en cas semblable, l'amytié reci-
proque entre les peres & leurs enfans, nous voyons
souuent l'ardeur y estre si grand' que inconsideré-
ment, en lieu de leur bien faire, ilz les gastent, ne
ayans le iugemẽt certain (au moyen de ceste trop
grãde affection) pour discerner ce qui leur est bon,
ou mauuais. Telle amytié est elle pourtant blas-
mee enuers nous? est elle point la vraye? ouy certes, combien que les autres lappellent mignardise:
tellemẽt que si lon veult regarder de pres le proufit de l'vn ou de l'autre, & que furieusement ceste
amytié ne se monstre point, elle ne sera entiere.
Ainsi iugeons nous du magnifique: s'il vouloit se
informer de l'vtilité ou necefsité de ce qu'il veult
faire, diroit on pas qu'il seroit taquin, & qu'il auroit bien peur de perdre? Ce nest point de ce tẽps
seulem

seulement,que lon mesure ainsi ceste vertu : mais
anciennement les Rommains se glorifioyent ilz
pas d'estre magnifiques? Estoit il vtile ou necessaire de couper les montaignes,& d'icelles faire en
pleine mer vne terre ferme? Estoit il besoing tous
les matins,à tous ceux qui venoyent dire bon iour
à monsieur, faire si grandes distributions de deniers,qu'ilz faisoient? Ie men rapporterois bien à
Iuuenal.　Que diráy ie particulierement de Pom-
pee?des Theatres,des Portiques,des Temples quil
ha bastiz? Scait on pas la magnificēce des iardins,
& des sales diuerses de Luculle? Pour cela encores
auiourdhuy les auons nous en grande reuerēce,&
ny ha celuy de noz phisosophes, qui ne se efforce
de representer & imiter en cela principalement
lantiquité? Lhonneur des Rommains ha esté si
grand pour ceste magnificence, que l'Italie en est
encore toute enflee.Et si nous osions apres ceux là
parler de nous,trouueriõs nous point de gens magnifiques en nostre temps,qui au moyen de ce,ont
acquis grand bruit? Considerons les grans Docteurs & Maistres de nostre philosophie,que nous
auons deuant noz yeux pour exemple, que nous
deuõs imiter par tout,& lauthorité desquelz nous
doit suffire pour raison,cõme de Pythagoras à ses
disciples,il lha dit : aussi de ceux cy,quand on dit,
ilz ont fait : ilz ne fault plus douter, que la chose

E 5　　　ne

ne soit bien faite,& ciuilemēt.Nous congnoiſtrōs
que en leurs liberalitez ilz ne conſiderent le plus
ſouuent ne lutilité,ne la nec
eſsité : à fin que la ma-
gnificence ſoit plus louable. Et encor que telles
ſumptuoſitez ne fuſſent du tout bonnes, ne faites
ſelon vertu:ſi ont ilz raiſon de les faire.Car(comme dit Theophraſte en ſon liure des richeſſes)tel-
les magnificences ſont le prouſit & reuenu que
nous auons de noz biens,ſans leſquelles (la neceſ-
ſité de viure hors) iaymerois autant eſtre poure
que riche. Ie ſcay bien toutesfois,que Ciceron au
ſecond des offices, ne le trouue pas bon : non fait
pas Ariſtote,ſe moquant de nous,qui en temps de
guerre nous esbahiſſons de ouyr dire que en vne
ville aſsiegee,on deſpende vn teſton pour vn ſeau
d'eau : & ſans neceſsité nous ne faiſons compte de
deſpendre grans deniers pour neant.Mais chacun
ha ſon opinion, & ne ſont gueres les opinions de
ceux là approuuees de nous. Car il ny ha ſi petit
Courtiſan,qui ne ſe plaiſe à faire quelque deſpen-
ce inutile, à fin de ſembler magnifique.Et pource
que en Amour principalement chacun prent peine à ſe monſtrer homme ſage, ciuil, & bien apris,
quel nous le voulons icy faire:imaginōs & repre-
ſentons deuant noz yeux, deux Amans, gens de
miſe : & conſiderons commēt touchant ceſte vertu cy entre les autres ilz ſe gouuernēt. Nous ver-
rons

rons vn ieune homme, qui sans aucune consideration de lutilité, ou necessité ne scaura trouuer dha
bitz assez riches, pour se parer : de ioyaux assez
nouueaux pour donner à sa maistresse: de viandes
asses exquises pour faire festins. Elle de son costé
nen fera pas moins. Et encor que lun ou lautre ne
puisse deffect faire tout cela, pour la bourse trop
mal garnie : si fera il, que sa parole ne sentira que
toute magnificēce: par ce que en ceste vertu lhonneur & dignité des personnes consiste. Il me sou-
uient sur ce passage, du poure Clitipho de Teren-
ce, qui ayant vne amye magnifique, pompeuse, &
de grand cœur : & ne pouuant tirer de son pere,
vieil homme, auare, & difficile, deniers pour y
fournir: fait sa complainte seulet, & se conseille en
soy mesme, comment il se doit gouuerner enuers
elle disant, & faisant ceste conclusion de son di-
scours, *Nihil esse mihi, religio est dicere:* Ie ferois, dit
il, conscience de dire que ie nay rien, pour luy
donner. Voyez comment non seulement il ne
vouloit estre veu auare: mais non pas estre en necessité: & nauoir le moyen, de se monstrer magnifique: tant est ceste vertu louable. Il est vray, que
le vieillard amoureux en la Comedie des Intro-
nati, ne fait pas ainsi, qui pour parfumer sa barbe
grise, enuoya acheter pour vn carolus de Ciuette:
dieu scait aussi, comment son valet sen ryoit.
Que

Que dit Ouide efcriuant à vne fille auaricieufe,
& luy remonftrant quil ne la peult plus aymer,
par ce que elle eft trop fubiette à ce gain.

> *Turpe thori reditu cenfus augere paternos,*
> *Et faciem lucro proftituiffe fuam.*

> Il eft laid, pour biens acquerir,
> Faire du lict fon heritage:
> Et vendre en public fon vifage
> A qui plus le veult encherir.

Lon peult voir maintenant, quelles forces ont liberalité & magnificence pour acquerir la grace
dun chacun. Ie fcay quil y ha des putains & Cour
tifannes, qui en font autrement: mais il ne fault
pas eftimer, que cefte diuinité d'Amour fe puiffe
loger en leurs cœurs. Il neft point mal feant à vne
femme de receuoir: mais il luy fiet mal de demander: comme enfeigne leur bon maiftre Ouide.

> *Nec dare, fed pretium pofci dedignor, & odi.*

Il ne me fache point (dit il) de donner, mais ie
fuis marry quand on me demãde, & cela me def-
goutte. La Laïs de Corinthe eut elle bonne grace
de demander tant defcuz à Demofthene? Elle le
defgoutta fi bien, quil nen voulut plus ouyr parler, & ne fe donna point loccafion de fen repẽtir.
La Cordiere de Lyõ eft trop plus honorable, qui,
quelque affection de gaigner quelle ayt, ne femble
rien

rien moins à ses seruiteurs, que auaricieuse. Toutesfois le danger est si grand , mesmement es personnes de bon cœur, & affectez enuers nostre phi
losophie,que les loix ciuiles y ont pourueu:consi-
deré que c'est le grand interest de la chose publique, dauoir plusieurs poures & indigens citoyens:
& que la richesse du Prince ne gist pas tant en sa
bourse, quen celle de ses subiets. Pour ceste cause
elles ont voulu que celuy que lon verroit se gouuerner si mal,quil en peust deuenir indigent,eust
vn curateur : non pas indistinctement celuy qui
magnifiquemēt fait despenses inutiles : car si ainsi
estoit , on ne pourroit trouuer assez de curateurs
en France. Ainsi fault il,que nous entēdions ceste
sentence:*Interest Reipub. ne quis re sua malè vtatur.*
La chose publique ha interest , que personne ne
vse mal de son bien.Et ne fault pēser,que les loix,
ne les Princes ayent iamais voulu autrement defendre ceste despense magnifique, comme de soy
mauuaise , & non selon vertu : combiem que anciennement vn nommé Marcus Oppius ayt fait
vne loy, que les femmes de Romme ne vsassent
d'habitz superflus, & ne portassent bagues dor à
loreille pesans plus dune once, cōme recite Pom-
ponius Letus des loix de Romme:car ceste loy fut
faite,de peur que auoient les Rommains, que par
telz aornemens leurs femmes ne deuissent lubri-
ques.

ques. Autant en pourroit on pēſer de ce que l'Em
pereur Iuſtinian defend à certains perſonnages,
de ne porter certains draps,& parures : cōme nouuellement le Roy de France ha fait deffences aux
Damoyſelles & Bourgoiſes de ne porter certaine
parure dor : (donc les dames de Lyon ſe ſont fort
ſcandalizees) car tout cela neſt que pour la cauſe
ſuſdite : enſemble pour lordre, & la politique, en
laquelle la diſtinction, & difference des habitz,
ſelon les eſtatz des perſonnes ha grand force.

De Magnanimité.

NOVS ſommes ia mōtez bien hault,
& approchons fort le trone, ou eſt
noſtre vertu aſsize. Et pource quelle repoſe es lieux difficiles à y paruenir, ſuyuant ceſte bonne ſentence
d'Iſocrates, *Virtutis radix amara, fructus uerò dulces*:
La racine de vertu eſt amere, mais les fruitz ſont
doux : pource eſt ce, que dautant que nous nous
approchons plus pres d'elle , dautant trouuerons
nous le chemin plus facheux,plus ſcabreux,& plus
aſpre,iuſques à ce que nous ſoyons au lieu meſme:
car lors riē plus ne nous ſera difficile,ne ennuyeux.
Ie dy cecy voulant parler de magnanimité,qui eſt
celle, qui nous rend ſi fermes & aſſeurez, quil ny
ha choſe au monde,tant ſoit elle dure ou delicate,

qui

qui face deuier noſtre eſprit de la voye de vertu.
Ce neſt donques ſans cauſe ſi on lappelle Magnanimité, & ceux qui l'ont, Magnanimes, ceſtadire,
gens de grãd cœur : car quelle excellence ſcauroit
auoir plus grande l'eſprit, que eſtre touſiours ſemblable à ſoymeſme:& pour accident, incõuenient,
ou infortune qui luy aduienne, ne ſe troubler:ains
demourer touſiours ferme, & conſtant? Vn grand
argument de lexcellence de ceſte vertu, eſt, que entre toutes les autres, qui ſont communes tant aux
hõmes que aux femmes, on fait eſtre ceſte cy propre à lhomme : & au contraire legereté & inconſtance propre à la femme. De laquelle commune
opinion ſe contentẽt ſi bien maintz hommes, que
pour ceſte ſeule cauſe quilz ſont hommes, & non
femmes, ilz cuydent eſtre ſages, & deſdaignent entendre parler vne femme, cõme ſi elle eſtoit beſte
brute, & irraiſonnable, & comme ſi la raiſon & la
folie eſtoiẽt naturellemẽt attachees auec le ſexe de
lun & de lautre. La fille de Hortẽſe, Orateur Rõ-
main, monſtra bien que les femmes eſtoient capa-
bles de raiſon:combien que au moyen de la fragilité naturelle, qui eſt en elles delaiſſee de toute inſtruction & doctrine, elles n'en ayent pas luſage ſi
frequent. Eſtant donc Magnanimité comme propre à lhomme, deuons nous point eſtimer vne iniure grande, d'eſtre tant delicatz, puſillanimes, va-
riables,

riables , & inconftans? Si lon voyoit vn homme
marcher par rue, habillé en femme, lon fen mo-
queroit : mais de congnoiftre vn homme qui neft
pas certes habillé en femme, ains eft femme luy
mefme,lon nen dit rien.Pourquoy nous moquõs
nous d'Hercules,quãd il print lhabit dune feruan-
te, finon pource quil auoit laiſſé fon cœur dhomme, & auoit pris celuy de femme : auec lequel ha-
bit,il ne fceut iamais que faire,finon porter la que-
nouille ? Il eft impoſſible que gens delaiſſez de cefte vertu, puiſſent faire quelque acte de vaillanti-
fe,quelques mines, & braueries quilz facent. Ceft
la refponce que feit Helene à Paris,quãd pour luy
perfuader,qu'elle vint à Troye auec luy,& qu'elle
ne deuoit rien craindre,il fe difoit eftre tãt preux,
& tant vaillant, quil combatoit vn monde. Elle
le voyant tant enamouré, quil nauoit plus vifage
dhomme, luy dift,

> *Quod bene te iactes,& fortia facta recenfes,*
>   *A uerbis facies diſſidet ifta tuis.*
> *Apta magis Veneri,quàm funt tua corpora Marti:*
>   *Bella gerant alij,tu Pari femper ama.*

> Quant à voz preux & vaillans faits,
> Dont vous tenez fi grand langage,
> Ie le croy,mais voftre vifage
> Ne me femble point fi mauuais.

Vous

Vous estes né, mieux pour les Dames,
Que pour les armes & debatz:
Laissez auz autres les combatz
Paris, faites l'Amour aux femmes.

Iestimerois beaucoup lamour sil nestoit point cause de ce mal, & quil ne faillist contraindre l'esprit de seruir à ceste fragilité feminine : ou ie priserois bien les femmes, si elles aymoient plus, & se plaisoient mieux, es vertus de leurs amys, que en ie ne scay quelles mignardises. Mais la doctrine de ce grand Courtisan en son art d'aymer, ne peult mentir : *Parua leues capiunt animos*, Les espritz legers se plaisent en petites folies. Il n'y ha rien plus mal seant en vn homme, que nestre pas homme. Ie scay toutesfoys que nostre philosophie & ceste bonne grace de laquelle nous parlerons cy apres, ne permettent pas, que entre femmes nous soyons Platons: Mais aussi ne veulent ilz pas, que en tous lieux nous nous gouuernions comme entre femmes. La consideration des circonstances, côme du temps, du lieu, des personnes & dautres (qui est le propre de Prudence) nous gardera de ce mal, laquelle est necessaire pour auoir ceste bonne grace. Et pour plus auant parler de ceste espece, & à fin que plus clerement nous monstrions quelle elle est, il fault repeter ce que tant de fois nous auons ià dit, que la fin de toute nostre philo-

F   sophie

sophie & de noftre vertu (ceftadire, de viure à la mode de Court) eft lhonneur & la bonne reputation : fans laquelle ie ne voy rien, qui nous doiue inciter à tant trauailler & nous tourmenter en ce monde. Car(comme dit Ciceron,qui nha pas efté toufiours Academique) *Nullam aliam periculorum & laborum mercedem uirtus defiderat, quàm laudis & gloriæ : qua detracta, quid eft, quod in hoc breuiſsimo vitæ curriculo, tam miferè nos exerceamus?* Vertu ne veult autre recompenfe de fes peines & dangers, finon honneur,fans lequel,que auõs nous affaire de tant trauailler en ce brief temps de noftre malheureufe vie? Laiffons là ceux qui parlent autrement de vertu. Eftant donques honneur, le but auquel les Sages pretẽdent paruenir, & la feule caufe qui fait lhomme heureux,deuõs nous pas contemner tout, & negliger franchement toutes autres chofes, pour acquerir cefte cy? Ouy certes. Et voyla la congnoiffance de magnanimité, de ne faire cas de biens,plaifirs,parens,& amys, finon en tant que cela nous eft honnorable : & de ne craindre Dieu,ne diable,qui nous empefche faire actes, par lefquelz nous puifsions venir à cefte perfection. Par cecy ie ne dy pas,quil ne faille prendre peine pour auoir du bien,quil ne faille prẽdre fon plaifir,quil ne faille reuerer fes parẽs,& entretenir fes amys,aymer Dieu,hayr le diable:mais ie veux

dire,

dire, que au cas que cela seroit occasion de dimi-
nuer ou empescher nostre honneur, nous le deuõs
laisser,& nen faire compte : car lhomme nest magnanime, qui prefere telles petites choses à ces grã-
des richesses dhonneur. En cecy les Rōmains ont
excellé, desquelz les cœurs haultz & magnanimes ont tant imprimé ceste vertu es espritz de
tout le païs, que encores auiourdhuy leurs poste-
res s'y plaisent fort : ce que lon peult iuger par leur
contenãce,que lon voit sentir vne liberté,vn con-
temnemẽt de tout,vn desir de faire acte vertueux,
& vne patience grande.Et ny ha iugement des affections dune personne,plus certain,sinon par vne
ordinaire contenãce,& maniere de faire:car comme il est dit, *Abeunt studia in mores:* Noz estudes
& affections se transforment en mœurs:desquelles
mœurs yssent noz contenãces ordinaires, propres
& particulieres, que lon voit & congnoit on facilemẽt en toutes noz actions.Et combien que particulierement vn chacun sesforce de dissimuler &
desguiser ses propres affections, tant pour lignorance de ceux auec lesquelz ilz conuerse, que aucunesfois pour ses imperfections, quil veult estre
celees (en quoy consiste principalement la bonne
grace,comme nous dirons cy apres) toutesfois ceste dissimulation nest point pratiquee es affectiõs
& opinions communes à vne Nation,ou Prouin-

ce, ou Païs, ou à vn certain estat de personnes:car
telles affections causent en nous vne certaine maniere de faire (comme iay dit) par laquelle communement chacun en son esgard veult bien estre
congnu,quel il est,ou dou il est. Dont se fait, que
facilement on discerne l'Italien , le François, &
l'Alemant, lun de lautre,à la maniere de faire seulement: & dautant que telles affections, opinions
& manieres de faire generales sont plus difficiles à
faire sortir, comme estans enracinees de longue
main, & tournees en nature : dautant sont plus à
estimer ceux,qui selon lexigēce des cas, pour leur
honneur & proufit semblent estre dautre nation,
estat, ou condition, quilz ne sont. Lesquelz nous
voyons ordinairemēt acquerir grāde reputation,
& faire bien leurs besongnes : comme lon voit es
espions de guerre,à fin que ie me contente de ceste
seule exemple, desquelz toutesfois on ne fait pas
si grand cas que lon deuroit. Au contraire il y ha
la plus part du peuple , qui encor quilz eussent la
Prudence pour congnoistre ou, & quand il fault
dissimuler, & qu'ilz fussent tant magnanimes, &
modestes, quilz le peussent bien faire : toutesfois
ilz sont tant enfolastrez dune mignarde amour
de ce pais, & en ont si grāde ialousie,que quelque
honneur ou proufit quil leur peust aduenir de ceste dissimulation,ilz veulent tousiours estre veuz

eux

eux mefmes:& eftimeroient grand offence, d'vfer
de quelque maniere de faire ciuile, à eux non ac-
couftumee, de peur qu'on ne les iuge dautre païs
quilz ne font: & feroient marris, fi par eux les
eftrangers ne congnoiffoient le vice, & limperfe-
ction du païs. Mais pour reuenir à noftre propos
les Rommains iadis ont flory en cefte vertu, qui
neftimãs rien eftre mal,finon deshonneur : & rien
bien,finon hõneur & la reputation : defquelz mal
& bien,vice & vertu font caufes:ont poftposé toutes chofes à cefte reputation. Et combien que ilz
euffent Philofophes, qui leur parloient autremēt
de cefte vertu, que nous, & difoient lhonnefteté
confifter es autres chofes, que nous ne difons pas:
fi ont ilz la plus part efté des noftres, reputans le
feul bien, & la vertu mefme eftre en la bonne reputation des hommes, pour laquelle les grandes
peines & tourmens leur eftoient delices , & plai-
firs. Et non fans caufe, car fi nous prenons peine à
tenir net noftre corps,& garder quil ne foit taché:
nous deuõs eftre trop plus fongneux à garder que
noftre efprit ne reçoiue cefte vilaine tache de def-
honneur. Ie ne parleray entre eux tous que dune
femme nommée Lucreffe,laquelle pour effacer ce
peu de deshonneur quelle auoit fouffert, pour a-
uoir efté rauie, fe tua fur le champ. Quel cœur de
femme eft cela?Feit elle point vertueufemēt,pour

F 3 fauuer

sauuer son honneur, de negliger la mort? de nauoir fait compte du vouloir de Dieu?qui ne veult
(comme elle scauoit,& les gens mesmes de ce tẽps
là l'ont dit) que l'Ame sorte hors de ce corps, sans
le congé de celuy, qui l'y ha mise : non plus que le
gendarme du camp sans le congé de son Capitai-
ne.Et ne mesbahy point si les marys soupsonneux
donnent ordinairement vn portraict de Lucresse
quand elle se tua,à leurs femmes : car lexemple les
peult fort mouuoir : aussi prennent elles grand
plaisir à voir ceste peinture.

L ne fault oublier vn point notable en ceste vertu. Ciceró es Offices
lib.1.dit,que souuent les espritz ma
gnanimes tombent en vne cupidité de gloire , & affection de domi-
ner, dont ilz sont incitez à mal faire , & incontinent sortent hors de ceste vertu. Car (cõme nous
auons dit cy deuant) si ceste vertu est alienee de
iustice,elle nest plus que vice,audace, & temerité.
Mais pource que nous ne mesurons pas Iustice
tant estroitement, comme il ha fait , tant moins
deuons nous craindre ceste cõsequence.Et dauantage si lesprit de l'homme nest glorieux, à grand
peine sera il magnanime : car qui le doit inciter à
contemner ainsi toutes choses,& se rendre fort,&
constant,

conftant, pour endurer tout , finon la cupidité &
lefperance de gloire,qui eft la fin de noftre philofophie? Et qui eft lhomme fi ftupide , qui ayant
fait quelque vaillãtife,ne foit ayfe,d'eftre loué?Les
Dieux mefmes font fi ialoux d'eux mefmes,quilz
veulent, que on leur face inceffamment honneur.
Ceft ce que efcrit Ouide à Cefar lib.2.de Trift.

Fama Iouis fupereft,tamen hunc fua facta referri,

 Et fe materiam carminis effe iuuat.

  Iuppiter fcait,qu'il n'eft celuy,

   Qui fon honneur & fon bruit taife:

  Et toutesfoys il eft bien aife

  De faire encor parler de luy.

Incontinent aufsi Ciceron penfant de foy , & ac-
commodant la vertu felon fon affection , change
d'opinion,& confeffe le debt : comme nous auons
noté au commencement de ce liure. La cupidité
de gloire eft tant naturelle , & nee dedens noz
efpritz,que nous fouftiendriõs bien,que cefte philofophie eft aucunement fondee fur nature , aufsi
biẽ que celle des anciens. Il ny ha celuy qui ayant
loccafion deftre loué pour quelque excellence ou
naturelle ou acquife quil ha , ne foit aife que lon
parle de luy. On le peult voir es femmes,lefquel-
les combien que elles foient naturellement vere-
cundes,honteufes,& modeftes,& que elles n'ofent
pas fi hardiment monftrer leurs affections que les

F 4 hom

hommes : ſi ne peuuent toutesfois diſſimuler que
on leur fait plaiſir de les appeller belles : & que
pour cela elles ſont vn peu glorieuſes. Ceſt ce que
dit le Poëte qui les congnoiſſoit ſi bien,

Faſtus ineſt pulchris, ſequiturq́; ſuperbia formam.

  Les plus belles ſont glorieuſes,
  Et veulent quon leur face honneur:
  La beauté leur fait ce hault cœur,
  Dont ſouuent elles ſont faſcheuſes.
  Et puis en ſon art d'aymer:

Delectant etiam caſtas præconia formæ:
 Virginibus curæ, grataq́; forma ſua eſt.

  Voire l'honneſte en priuauté
  Ayme bien qu'on l'appelle belle:
  Et des filles, y ha il celle
  Qui ne ſe plaiſe en ſa beauté?

Il ne fault pas toutesfois que ceſte cupidité de
gloire ſoit deſordonnee, de peur quelle ne aueugle le iugement, en ſorte quil ne congnoiſſe plus
ce quil doiue faire : dont il aduient, que telz, qui
ſont à la verité ſotz, & non glorieux, cuydans faire quelque acte hōneſte, & dont ilz puiſſent eſtre
louez, ne font que folies, pour ſe faire moquer au
peuple. Et ſuis marry que ceſt erreur abonde trop
par tout. Telles gens nous ſont figurez, par les glo
rieux gendarmes des poëtes Comiques, que nous
voyons eſtre tant aueuglez en ceſte folie, quilz ne
           ſcauent

ſcauent que dire, ne que faire : comme celuy, qui comptoit, que le Roy ne pouuoit eſtre ſans celuy, quil gouuernoit tout, & ny auoit homme qui ne l'aymaſt & ne luy feiſt reuerence : parlant ainſi à ſon ſeruiteur,

—Eſt iſtuc datum
Profecto mihi, grata ſint quæ facio omnia.
Certes ie congnois biẽ, que né ſuis de ceſt heur,
Qu'en tout ce q̃ ie fais, chacũ me dõne hõneur.
Et celuy encor plus fol, de Plaute, auquel ſon Iaquet faiſoit croire, que les femmes le trouuoient ſi beau, que elles couroient toutes apres luy. Le poure fol croyant cela, diſoit:

Nimia eſt miſeria pulchrum eſſe hominem nimis.
Ceſt (dit il) grand peine d'eſtre trop beau. Voyla donques comment eſtre glorieux, neſt pas mauuais, moyennant que parmy ceſte gloire, il ny ayt point de folie. Reſte toucher vn poinct de ceſte vertu. Ciceron es Offices dit, que le Magnanime ne ſe doit point courroucer, & que la Magnanimité giſt principalemẽt à refrener ceſte affection : par ce que (comme il dit encor es Tuſculanes) elle perturbe plus l'eſprit que pas vne autre paſsion ou perturbatíon. Autãt en dit Plutarque en ſon traicté de non ſe courroucer : ou il dit que les gens nourris delicatement, ſon plus ſubietz, & plus faciles à ſe courroucer, que les autres. La fu-

F 5

reur

reur de ceste pafsion fe peult voir en Hecuba de
Euripide, & en Progné & Philomela des Meta-
morphofes d'Ouide. Mais quelque chofe qu'il
leur ayt pleu dire, nous tenons le côtraire : que vn
gentilhomme oultragé, principalement quand
l'outrage touche fon honneur, fil femble ne prendre la matiere à cœur, encores quil le difsimule, il
n'eft pas homme de bien, ne magnanime : & celuy
qui le plus furieufement fe courouce, eft l'homme
du plus grand cœur : en forte que lon fe plaift fort
à dire, ie fuis cholere de ma nature : & de cela fait
on ie ne fcay quelle vertu.

De Temperance.

LA derniere fontaine dont fort lhonnefteté, eft celle, qui donne le luftre
aux autres, & fans laquelle rien ne
peult eftre biç fait. Cefte cy eft temperãce, qui eft vne moderation des
perturbations de l'efprit, & vn moyen en toutes
chofes. De laquelle particulierement ie nen puis
dire autre chofe, finon qu'elle comprend prefque
toutes les autres, & eft la fource principale dont
fort la bône grace. Le Modefte eft celuy qui plait
à vn chacun, quand il ne prend rien à cœur, & fe
accommode à toutes chofes. Au contraire celuy
qui reçoit les premieres opinions & apprehẽfions
qui

qui viennent en son esprit , & ne les veult point
changer, est hay d'vn chacun, & est celuy duquel
on dit, *Malum consilium quod mutari non potest*,Le
conseil de lhomme est mauuais, quand il est arre-
sté:car encor que tel côseil sust raisonnable,si fault
il le moderer & desguiser selon le plaisir des autres. Telles gens ne se doiuent trouuer en compagnie,gens arrestez, fascheux, & subietz à leurs affections : car ayant chacun ses propres imperfections , si nous voulions nous tenir roides & ne
point fleschir ne nous accommoder les vns aux
autres, ne supporter les vns des autres,il ny auroit
que diuisions,& partialitez entre les hômes. Cest
le propre de Prudence de congnoistre les person-
nages, les lieux, le temps , & autres circonstances:
cela estant congnu, Temperance vient fleschir no
stre cœur, & le contraint ne trouuer mauuais, ce
qui est toutesfois imparfait : en sorte que partie il
dissimule,partie il s'accommode & obeït à toutes
ces circonstances. Dont congnoissons que telz facheux sont tourmentez de deux vices:d'ignorance, & celuy est excusable , quand il est seul : & de
ceste presumption naturelle nee en noz espritz
par ceste seconde nature , dont nous parlons : laquelle presumption empesche que nous flechis-
sons,ains fait que nous nous tenons roides, & fermes contre les autres , & fait que ces facheux sont
obstinez,

obſtinez, arreſtez & opiniatres. Mais ceſte vertu
expulſe ce vice, & rend l'eſprit facile, humble, &
obeïſſant. Quant à ceux qui ne pechent, que par
ignorance, ilz ſont (comme i'ay dit) excuſables,
quand l'eſprit eſt docile, le vouloir bon, humble,
& non arreſté : car combien que les bonnes gens
ignorent ces circonſtances, ne congnoiſſent rien,
& n'ayent rien veu : ſi ont ilz ia bon commencement de congnoiſtre, quand ilz ne perſiſtent en
leur ignorance. Et pource que nous hantons ordi
nairement auec gens qui ne ſont pas parfaitz en
noſtre Philoſophie, ne bons courtiſans : pour les
congnoiſtre il nous fault noter, que des quatres
vertuz dont nous auons parlé ceſte cy eſt celle,
par laquelle nous congnoiſtrons, que l'homme eſt
ciuil, honneſte & courtiſan. L'on en peult voir vn,
qui fera des ſumptuoſitez & magnificences grandes, l'autre qui fera quelque acte de grand cœur
pour venger ſon honneur, ne ſentir tous rien
moins que noſtre philoſophie : mais celuy qui eſt
modeſte, raſsis, & temperé, n'eſt point ſans les autres vertuz auſsi. Et à fin que lon puiſſe
mieux entendre la force de ceſte vertu, nous allons parler de la bonne
grace, laquelle ſort principal-
lement de ceſte cy en-
tre les autres.

De

De la bonne grace.

ES quatre vertuz, que nous auons traictees, sont les causes & les sources dont sort l'honnesteté, que nous disons aussi ciuilité. De laquelle ciuilité proprement ordonnee, & selon les circonstãces telles que nous dirons, accommodee, lon voit naistre la bonne grace, que Ciceron es Offices appelle *Decorum generale.* Et pource quil trouue la matiere tant confuse, comme n'estant encores redigee en certaines reigles: qu'elle luy semble se pouuoir mieux entẽdre en l'esprit, que dire & enseigner par escrit: nous dirons apres luy ce que nous en auons peu cõgnoistre, tant par escrit, que par experience. Et à fin que lon entende la difference entre ciuilité, & bonne grace: toutes les actions yssans des vertuz susdites, sont ciui les, mais elles ne cõuiennent pas bien à toutes personnes: car il fault digerer, & moderer l'usage des actions, selon les circonstances. Ceste conuenance & bonne grace vient de ciuilité & honnesteté: dont nous congnoissons que rien ne doit à la rigueur estre dit de bonne grace, s'il nest honneste: & l'honnesteté se doit mesurer, selon noz vertuz cy dessus declarees. Toutesfois abusans de ce terme, aucunesfois nous le attribuons à choses vilaines & deshonnestes: comme quand nous disons

vn larrecin fait de bonne grace,auquel les subtili-
tez & cautelles des larrons sont bien obseruees.
Ciceron dit quil y ha deux especes de bonne gra-
ce:vne speciale,que lon attribue particulierement
à chacune des vertuz , quand ce que lon fait sent
& signifie quelque vertu particuliere. Lautre generale,prouenant de toutes les vertuz,qui est vne
conuenãce & aggreance en toutes noz actions au
plaisir des hommes,de laquelle nous parlõs. Dont
nous pouuons iuger , que ceux là sont bien abu-
sez,& ne sont de noz Philosophes,qui ne veulent
auoir contenance sinon d'vn homme prudent &
scauant : aussi sont ceux, qui ne veulent faire mine,que d'vn magnifique ou liberal:car il fault que
nostre contenãce & nostre chere sentent vne Prudence, Iustice, Magnanimité, & sur tout Modestie : desquelles quatre ainsi assemblees lon verra
sortir la bonne grace. Ou sont maintenant noz
ieunes gens mistes,& braues,qui prennent si grãd
peine à faire la pipee,parler mignardement, marcher delicatement, & se contrefaire du tout, cuydans par cela auoir ceste bonne grace : & ne congnoissent pas quelles sont noz vertuz, desquelles
elle naist?Donques ceste plaisante apparence, que
lon voit sortir des actes hõnestes des courtisans,est
la bonne grace : laquelle ne peult estre separee de
nostre vertu,ne nostre vertu d'elle : & laquelle ha
si grand

la diſsimulation : car gens malings font mal leur
profit de toutes choſes:comme dit Ouide de Tri-
ſtibus, remonſtrant à Cæſar , que ſi aucunes femmes auoient mal vſé de ſon art daymer , le liure
neſtoit pas pourtant mauuais : car, dit il, les meſ-
chans abuſent bien du feu, qui eſt tant bon, & de
toutes autres bonnes choſes.

   Et puis:

Quodcunq; attigerit,ſi qua eſt ſtudioſa ſiniſtri,

 Ad vitium mores inſtruit inde ſuos.

  Celle qui ha l'eſprit confit

  En vices,qu'on ne s'y morfonde,

  Des meilleures choſes du monde

  Elle fera mal ſon profit.

Il ne fault point donques blaſmer ceſte facilité
d'eſprit , qui fait que l'homme ſelon le plaiſir des
autres,ſe change & transforme. Ainſi faiſant il ſera reputé ſage, & acquerra honneur, & eſchappe-
ra par tout:comme ſcauoit bien faire Proteus,au-
quel ceſte diuerſe metamorphoſe & transfigu-
ration ha eſté fort vtile.Et voyla principalement le proufit,que nous fait
temperance, pour acque-
rir ceſte bonne
grace.

    G 2 Nous

OVS auons dit, comment particu
lierement il nous fault gouuerner,
en obeïssant aux autres: maintenāt
il nous fault sçauoir, comment generalement nous ferons noz actes
de bonne grace, sans auoir esgard aux complexions, & imperfections particulieres des autres:
comme entre gens estranges, & incongnuz: ou
en vne multitude & grande compaignie, en laquelle y ha gens de diuerses complexions, opinions, & imperfections, qui ne se contenteroient,
& ne trouueroient pas bon, que lon se accommo-
dast à lun plus qu'à lautre, n'estoit qu'il fust quelque grand personnage par dessus tous, en quel cas
lon peult, sans iuste offense de la compaignie, luy
seruir, & obeyr à sa volunté. Ie ne puis icy oublier
lignorance & besterie du peuple, qui en festins,
conuiues, banquetz, & assemblees veulent digerer, & ordonner tout, non pas selon la mode de
Court, qui est la reigle commune, mais selon leur
plaisir, & opinion particuliere. Dont on ne doit
s'esbahir, si de telles compaignies, il en sort tousiours des malcontens: car ayant chacun des assi-
stans ses propres imperfections contraires les vnes
aux autres, il est impossible, que en plaisant à vn,
on ne deplaise à lautre. Que si lon obseruoit la reigle & maniere de faire cōmune, chacun contrain-
droit

droit son vouloir, à la trouuer bonne. Et pource
que l'esprit, est la principale partie de l'homme,
ayant ses certains mouuemens, qui sont les affections, ainsi que le corps : cest celuy, duquel nous
deuons auoir plus grand soing : car si ses mouuemens sont honnestes, & selon vertu, cestadire, si
ses affections ne sont point contraires aux quatre
especes, desquelles nous auons parlé cy deuãt, ains
sont vnies, concordantes, & reiglees selon elles : facilement le corps en gestes le suyura, & ne sortira
rien deuant les yeux des hommes, qui ne soit de
bonne grace. Car le corps est l'organe & l'instru-
ment de lesprit, par lequel lesprit se monstre, & se
fait congnoistre quel il est. Et non sans cause ont
voulu dire quelques philosophes, que lesprit est
tousiours semblable à soy, & ne deuient plus scauant à lescole, quil estoit : car les maistres ne in-
struisent point les espritz des enfans, ains seulement ouurent & destoupent les cõduitz du corps,
à fin que lesprit estant deliuré se recongnoisse, &
puisse se monstrer. Dont nous voyons, que les
hommes dimbecile esprit ne peuuent deuenir doctes, quelque peine quilz prennent, quelque temps
quilz y mettent, & quelque maistre quilz ayant.
La raison est, que estans les conduitz du corps
ouuertz, lon ne y peult faire dauantage, & ne peult
on rien changer à lesprit. Et me semble quil nest

G 3　　　　besoing

besoing en vne chose tant claire vser dargument,
pour monstrer que la qualité de lesprit de lhomme, sil est vertueux, ou non, se cognoist par les gestes & contenances exterieures du corps : comme
estant vn impossible, que le corps puisse seruir de
masque ou faux visage à lesprit. Que ainsi soit,
nous voyons que les gens doctes & bons autheurs
voulans nous donner à congnoistre quel estoit
quelque personnage du passé, ou docte, ou prudent, ou magnanime, ou autre, & nous le voulans
representer, & descrire, ne peuuent autrement le
faire congnoistre, sinon par ses actes, & gestes, &
manieres de faire : comme nous pouuons voir en
Salluste quãd il peint si bien Catilina : & es poëtes,
qui se plaisent fort en telles descriptions. Nous
mesmes iugeons ainsi les autres : quãd nous voyons
vn homme se remuant tousiours, sans propos ou
raison, nous disons quil est inconstant : quand il
parle peu, nous disons quil est sage : & ainsi des
autres signes. Et pour parler à la verité, comment
aussi pourrions nous auoir la congnoissance des
choses inuisibles, secretes, & cachees, sinon que par
apparence exterieure, elles se presentassent à lun
de noz sens? Donques, il nous fault conclure, que
les contenances de lhomme donnent à cognoistre
quel est son esprit, cõme ne pouuans estre autres
que lesprit les fait : & ne fault on blasmer la maniere

niere de faire dun homme docte, prudent, liberal,
ou autre, que lon ne haye la doctrine, prudence, liberalité, ou autres qualitez de lesprit. Et pource
que plusieurs y ha, qui nont la vraye congnoissan
ce des qualitez de lesprit (qui ne sont que vertu
ou vice) consequemment qui ne congnoissent que
cest de nostre philosophie : cela est cause, que ne
congnoissans rien ausi es gestes, & manieres de
faire des personnes, ordinairement ilz les iugent
autres quilz ne sont : comme dun ieune sot escer-
uelé & plein de caquet, ilz lestiment sage, ioyeux,
& bien parlant : au contraire dun homme prudent, modeste, & Courtisan, ilz en feront vn fol,
glorieux, & mescongnoissant. Mais telles gens
sont du nombre de ceste ignorãce populaire, qui
nont rien de certain, & sont tant aueuglez, quilz
suyuent en iugement de toutes choses la premiere opinion quilz ont : desquelz ont dit, Autant
de testes, autant dopinions : contre lesquelz ceux
qui voudroient debattre, resemblent à Hercules combatant contre le serpent Hy-
dra ayant plusieurs testes : car si
tost quil en auoit coupé
vne, il en renaissoit
cinq ou six pour
ceste, là.

G 4 Lesprit

L ESPRIT de lhomme ha deux gou-
uernemẽs : Raiſon,& Lappetit. Rai-
ſon eſt celle, par laquelle il ne veult
rien contraire à vertu. Lappetit eſt
celuy, qui le fait vouloir toutes choſes,ſans election de bien ou mal:& ce non pour au
tre cauſe,ſinon pour le plaiſir. Or nous deuons en
toute noſtre vie prẽdre garde,que nous ne facions
rien ſans quelque cauſe honneſte : ceſt vne maxime,que les Sages du temps paſſé,nous enſeignent.
Nil fruſtra,Rien en vain.Si en tous noz actes,auãt
que les faires, nous auions ceſte conſideration de
penſer, pourquoy nous les faiſons, & à quelle fin:
certes il ny auroit pas tant de repentances, quil y
ha. Voyla pourquoy lon dit, que le ſage homme
ne dit iamais,Ie ny penſois pas,ie men repens: non
pas quil ne ſe doiue repẽtir,quand il aura mal fait:
mais par ce quil ne fait rien,ſans pẽſer pourquoy,
& à quelle fin : apres lequel penſement,le repentir
ne vient gueres. Nous deuons donc prendre garde,que en toutes noz actions,nous ne facions rien
temerairement, & ſans aduis : que ſi nous faiſons
ainſi , la raiſon dominera & regnera ſi bien , que
leſprit ne fera que choſes vertueuſes, deſquelles a-
pres on verra ſortir ceſte bonne grace. Ainſi Lappetit obeïra à Raiſon, & nentreprendra rien ſur
nous ſinon par obeiſſance, en executant le decret
& la

& la commission de raison. Lon ne verra point
sortir ces affections immoderees,effrenees,& inso-
lentes, qui font les hommes seruir à eux mesmes:
chose côtraire à nostre philosophie,qui nest,sinon
seruir aux autres, & par ce moyen acquerir la re-
putation.Lhomme ainsi regy & gouuerné estudi-
ra à scauoir, comment il doit viure, congnoissant
la vertu telle que nous lauons monstree cy deuãt,
addressera toutes ses pensees à elle, & ne fera rien
qui ne soit aggreable à vn chacun,& dont il ne reçoiue louenge,& reputation du môde,qui est lac-
complissement de nostre entreprise. Voyla le chemin que nous deuons tenir : Voyla comment viuent les vrays Courtisans, rompans leurs propres
affections, pour suyure nostre vertu, & plaire aux
hommes:Voyla la vraye fontaine dont sortira ceste bonne grace, qui gist principalement (comme
nous voyons) en modestie & temperãce. Ou sont
maintenant ces sotz,qui se glorifient en leurs imperfections,& bonnes testes(comme ilz dient)qui
pour homme viuant ne feront de tout qu'à leur
teste?Il les fault enuoyer auec Timon misantrope,
& les separer de nostre compagnie.Le gentilhomme Courtisan nest point subiet à soy:sil fault rire,
il rit:sil fault se contrister,il pleure : sil fault men-
ger, il menge : sil fault ieuner, il ieune : bref il est
prest à tout faire selon le plaisir des hommes, en-

F 5   cores

cores que son affection du tout ny soit pas. Mais
en toutes ses choses, il fault quil monstre vne Pru-
dence:quil ne face rien à la legere, ains quil y pen-
se bien deux fois : & quil regarde quoy, ou comment, quand, & autres circōstances: Quil ayt tousiours en la bouche, de ne faire tort à personne, de
garder le droit d'vn chacun : & sil est besoing de
vser de magnificence, quil ne se face point piquer:
Quil ayt le cœur ferme & assuré, sans s'estonner de
rien, sans s'esbahir de quelque chose quelle qu'elle
soit, tāt soit elle grāde, ou nouuelle : Quil modere
& refrene si bien ses affectiōs particulieres, que lon
ne voye sortir de luy que toute courtoisie, dou-
ceur, & humanité: Ainsi faisant, vous verrez sortir
de luy vne si bonne grace, quil attirera facilement
la beneuolence d'vn chacun. Et pource que tout le
mōde ne voit pas si cler, que par les actes exterieures on n'en puisse bien tromper, & deceuoir quelques vns des moins scauans : si lon ne peult auoir
ceste instruction en lesprit, & que lon ne puisse venir à ceste perfection de congnoissance : à tout le
moins il se fault reigler sur les autres, se accoustumer à faire cōme eux, & faire la bonne mine. Car
la premiere louenge gist à faire & inuenter de soy
quelque chose de bon : La seconde à trouuer bon,
& imiter ce que les autres ont fait, de bien. Ainsi
faisans, sans ce que plusieurs feront cas de nous,
comme

comme grans Philofophes,& ores que foyõs con-
gnuz des mieux cõgnoiffans, ne fcauoir gueres en
cefte maniere de faire:à tout le moins ilz louerõt,
& priferont le defir que nous auons de congnoi-
ftre:qui peu à peu polira fi bien noz contenances,
que en fin nous pourrons venir à cefte perfection
de bonne grace. Regardons l'Italie tant ciuile, &
courtifane : lantique-Rõme mere nourriffe certes
de noftre philofophie (combien quilz parlaffent
bien des autres) ha femé en tout le païs certaines
contenances, & manieres de faire, lefquelles on y
pratique ordinairement, en forte que ores que les
vns n'ayent lefperit encore inftruit,fi ont ilz leurs
contenances tant polies par vne couftume d'ainfi
faire, quilz nous femblent les plus grand Courti-
fans du monde. L'Italien en fes actes ne femble
point precipitãt,ains froidement & attrempémẽt
femble confiderer toutes les circonftances,& comme,tafter le gué:qui eft de prudence.De faire tort
à autruy, tellement que le Iuge y morde (comme
nous auons dit parlans de iuftice) il ne fen trouue gueres : car il efchape toufiours : & fil eft befoing d'eftre magnifique,Dieu fcait fil en fait fon
deuoir. Touchant le grand cœur & magnanime,
y ha il gens au monde, qui le reprefentent mieux
que ceux là ? ilz ne feftonnent,ilz ne s'esbahiffent
de rien : cuydez les efpouanter, ilz feront bonne
mine:

mine : cuydez les faire rire, ilz ne chãgent de chere. Au reſte il n'eſt ia beſoing de dire, commẽt ilz
cachent, celent, & reprimẽt leurs affections, de leur
patience, & diſsimulation. Brief ilz naiſſent au
païs Courtiſans. A ceſte exẽple ceux qui ne pour-
ront pas bien inſtruire leurs eſpritz en noſtre philoſophie, ſe doiuent accouſtumer à imiter, enſuyure, & repreſenter les mieux aprins. Iauois bien
deliberé de pourſuyure ceſte matiere plus oultre,
& en parler plus particulieremẽt : mais ie ſens que
ma plume ſe ſoulle, & me fault refreſchir, meſme-
ment en ce païs, ou ie ſuis nouuellement venu.

Concluſion.

IE me contenteray dauoir fait ceſte
ouuerture, par laquelle ceux qui ont
bonne veüe, pourrõt comme en vne
proſpectiue regarder loing, & voir
maintes choſes de la vie des hom-
mes, deſquelles nous nauõs point parlé. Nous pouuons à ceſt heure cõgnoiſtre que ceſte philoſophie
morale, qui nous commãde faire ce, qui eſt bon de
ſoy, nous ha fait couler en ceſte cy, dont nous auõs
parlé, qui nous commãde faire ce, qui ſemble bon
aux hommes. Et ne nous fault point esbahir de ceſte erreur, qui vient de la corruption & depraua-
tion

tion de noz efpritz, qui trouuent bon ce, qui eft
mauuais, voire au iugemēt des autres hommes vn
peu plus parfaitz: car nous auons tant defpions &
ennemys, qui ne cherchēt finon nous enueloper &
amufer en ces folies, & vanitez, de peur que nous
ne congnoiffions le chemin, que nous deuõs prendre : quil eft impoffible que cefte feconde Nature
(en laquelle les Sages du monde ont colloqué leur
vnique & fouuerain bien) leur puiffe refifter. Ainfi
la plus part des hommes font deceuz, cuydans a-
uoir cefte philofophie, quilz n'ont pas : les autres,
que lon dit eftre plus fages, font encor plus abufez,
cuydans que en ce, quilz ont certes, gifent & con-
fiftent le feul bien & la felicité de lhomme. Mais
à la verité, il ny ha rien plus contraire au bien fouuerain, que leur fcience feule, qui ne fait que enfler
& efleuer ceft efprit, alencontre de la feule, & vnique puiffance. Dont ie dirois voluntiers, que la
vraye philofophie eft le mefpris & contemnemēt
de philofophie, & de fon fondement, qui eft cefte
feconde Nature, que Dieu nha point faite: car par
la faulte de lhõme elle eft deuenue telle. Et fault,
fi nous voulons eftre vrays Philofophes, nous def-
brouiller & defuelopper des tenebres & empefche-
mens de la Nature feconde, & de fa confequence
(quelle eft celle confequence, ie le laiffe penfer
maintenant) & faire noftre deuoir de recongnoi-
ftre

ftre la premiere, qui eft celle que Dieu ha faite:
que nous pourrons faire, fi nous ouurons la
porte à celuy, qui nous cherche, difant,
Ie fuis arrefté à voftre porte, &
bucque. Si quelcun m'ou-
ure, i'entre leans, &
menge auecluy,
& luy auec
moy.

FIN.

AV LECTEVR.

Contente toy pour le preſent (Amy Lecteur)que
nous t'ayons ouuert la porte de noz penſe-
mens, & introduit au cabinet de noz contem-
plations : eſperant (ſi tu l'as à plaiſir) que nous
te monſtrerons incontinent, piece à piece ce
peu de petites bagues, qu'il y ha : & te croiſtra
le plaiſir de ce liure.